HSU

「経営成功学の原点」としての松下幸之助の発想

Konosuke Matsushita's Ideas as the Starting Point of the Successful Management Theory

Ryuho Okawa
大川隆法

まえがき

戦後の日本を代表する経営者は何人もいる。しかし、会社の経営を成功させつつ、その経営思想、経営哲学を世に広めて、社会の役に立ちたいと願った人で、松下幸之助氏の右に出る者はいない。

私も会社時代、昼休みに書店で幸之助氏の本を買い求めて読んでいた。寄ってきた同僚《どうりょう》には「しょせん、成金《なりきん》なんじゃないの?」と一過性《いっかせい》の経営成功学だと指摘する人もいた。だが私自身も、吉川英治風《よしかわえいじふう》に「我以外皆我師《われいがいみなわがし》」的な考えをするところもあって、一介《いっかい》のサラリーマンではあったが、「夢に翼《つばさ》を与えよう」と努力をし続けてきた。とにかく「思い」が「成功の出発点だ」とする考え方は、宗教と経営を架橋《かきょう》する理論であって、それを信じた私には無限の道が開けてきた。
人生を閉じて「経営の神様」と言われ続ける人は少ない。
幸之助氏に無限の感謝をこめて、本書を出版する次第である。

二〇一四年　八月二十九日

幸福《こうふく》の科学《かがく》グループ創始者兼総裁《そうししゃけんそうさい》
幸福《こうふく》の科学大学創立者《かがくだいがくそうりつしゃ》　大川隆法《おおかわりゅうほう》

「経営成功学の原点」としての松下幸之助の発想　目次

「経営成功学の原点」としての松下幸之助《まつしたこうのすけ》の発想

二〇一四年八月二十五日　説法《せっぽう》
東京都・幸福の科学　教祖殿《きょうそでん》　大悟館《たいごかん》にて

「経営成功学の原点」としての松下幸之助《まつしたこうのすけ》の発想

二〇一四年八月二十五日　説法《せっぽう》

東京都・幸福の科学　教祖殿《きょうそでん》　大悟館《たいごかん》にて

1 「松下幸之助《まつしたこうのすけ》の経営哲学《てつがく》」に学ぶ

私が影響《えいきょう》を受けた松下幸之助《まつしたこうのすけ》氏の経営思想

私が、経営学に関して影響《えいきょう》を受けた人は何人かいますが、そのなかの一人に松《まつ》下幸之助《したこうのすけ》さんがいます。亡《な》くなってからしばらくたっているので、若い方は知らない方も一部いるかもしれません。亡くなったのが平成元年（一九八九年）で、会社の名前が「松下電器」から「パナソニック」に変わったのが平成二十年（二〇〇八年）でした。

そのように会社の名前が変わったこともあり、次第《しだい》に忘れ去られていきつつあるかと思いますし、会社のほうには、社名を変えたあたりで、「松下経営から離《はな》れていきたい」という気持ちもあったのではないでしょうか。

このへんの〝異変〟については、私も十分には分からなかったのですが、もう一度、霊言集《れいげんしゅう》を出し始めたころ、松下幸之助さんの霊言（『松下幸之助　日本を叱《しか》る』〔幸福の科学出版刊〕参照）を出した際に、パナソニックの広報部から、新聞広告を載《の》せないように圧力がかかってきたことがありました。そのとき、「あれ？　おかしいな」という感じを受けたのです。

「幸之助さんは、あの世を信じていた人だし、思想的にも〝波動《はどう》〟が合うので、広告に載って困ることはないはずだ。内容は、生前とほとんど同じはずなのだけれども」と思ったのですが、どうやら、会社自体がやり方を変え、幸之助さんの経営を捨て去って、別な方向に脱皮《だっぴ》しようとあがいていた時期だったようです。

要するに、アメリカ型の経営を取り入れ、大リストラを行《おこな》ってV字回復をし、短い期間での成果を競《きそ》うようなかたちの経営に変えていこうとしたのでしょう。

確かに、一時的には成功したとは思います。ただ、それまで松下経営は、「家族的経営で人を大事にし、終身雇用《こよう》に近いかたちでなるべく長くいてもらう」というかたちで取り組んでいたところを、アメリカ型に変え、V字回復するために、かなり大規模なリストラを行ったため、技術者の流出がそうとうあったわけです。そのときには、経営的にはまだよかったものの、やがて新製品の開発等がうまくいかなくなりました。

さらに今、家電系は苦境に陥《おちい》っているようで、ソニーもかなり厳しい状態ですし、松下電器から分かれた三洋《さんよう》電機も同様でしょう。

ちなみに、松下電器は、松下幸之助さんと、奥《おく》さんのむめのさん、さらに、むめのさんの弟で、三洋電機の最初の社長になった井植歳男《いうえとしお》さんの三人で始めたものです。ところが、戦後、財閥《ざいばつ》指定を受け、その解除を申し入れしているうちに、社長をどちらか一人にしなくてはいけないことになりました。そこで、「松下の名前を遺《のこ》さないわけにはいかないだろう」ということで、義理の弟さんのほうが独立することになり、工場を一つ分けてもらい、資金も受け取って三洋電機を始めたわけです。

両社は、やがてライバルにもなったため、多少厳しい局面もあったようには聞いています。

なお、三洋電機も十万人の雇用をするところまで大きくなったわけですが、会社再建に入り、九千人ぐらいはパナソニックが引き取るようなことを言っていました。つまりは、ほぼ九万人が雇用を失う結果になったということですから、業界もなかなか厳しい競争に入っています。

今、松下幸之助さんがおられたら、どういうふうに言うかは分からないですし、私は、パナソニックになって以降の経営について、それほど関心を持ってはおりません。

ただ、松下さんの生前、私が社会人であったころや、幸福の科学を始めてからしばらくは、松下さんの経営についてずいぶん勉強したことがあり、その教えのなかには、「経営哲学《てつがく》」として不朽《ふきゅう》、あるいは不滅《ふめつ》のものがあるのではないかと考えています。

やはり、時代が変わったり、物が変わったり、いろいろな製品が変わったりしても、遺《のこ》る考え方はあるのではないでしょうか。

「成功を目指さなくては経営ではない」という松下氏の経営哲学《てつがく》

なお、「松下幸之助の経営」といわれるもののなかには、大きく分けて二種類の型があると言われています。

一つは、いわゆる「経営理論」であり、経営管理理論や、セオリーとしての考え方のようなものがあると思うのです。これについては、経営学としても数多く出されていますし、確かに、時代とともに多少変化しなくてはいけないものがあるでしょう。

もう一つは、「ものの見方・考え方」のところです。経営者としての哲学《てつがく》、あるいは、ものの見方・考え方について、どのように考え、どのように対処していくか。そういう経営哲学の部分です。

こちらのほうは、そう簡単に古びないものはあって、違《ちが》ったシチュエーションや違った時代であっても、応用が利《き》くものがあるでしょう。

もちろん、セオリーとしては、一部、すでに使えないものもあります。例えば、日本でも「終身雇用制」などは崩《くず》れてきており、「リストラをしない経営」もそう簡単にできるような状態ではなくなっているため、同じようにはいきません。

ただ、いま一度、「原点」に帰って、この人に学ぶべきことがあるのではないかと思います。

なお、私が、幸福の科学大学に経営系の学部をつくる際に、「経営成功学部」という名前を付けたところ、いろいろなところで経営学を教えている先生がたくさんいるのだとは思うのですが、「『経営』に『成功』と付けた場合、そんな簡単にうまくはいかないから、詐欺《さぎ》になってはいけない」などと、老婆心《ろうばしん》から言ってくださる人もいます。

しかし、「まことに、そうだろうな」とは思いつつも、幸之助さんの経営哲学を学んでいると、「成功を目指さなくては経営ではない」という感じが強く迫《せま》ってくるのです。やはり、「ただ経営すればよいというわけではない。成功しなくてはいけない。いや、成功するまでやり抜《ぬ》くのだ」という強い熱意を持っていなかったら、うまくいかないでしょう。そういうことが言えるのではないかと思います。

2　松下幸之助氏の経営思想を引き継《つ》いだ稲盛和夫《いなもりかずお》氏

「しようと思わなかったらできない」から得たヒント

業種は違《ちが》いますが、最近、稲盛和夫《いなもりかずお》さんがＪＡＬ《ジャル》の再建をして有名になりました。また、どこまで本当かは分かりませんが、「中国でも、経営者を目指す人たちにもてはやされている」というような報道がされています。

彼は、京セラをつくり、一千億円ぐらいの余剰《よじょう》資金が貯《た》まったので、それを使って第二電電《でんでん》（現・ＫＤＤＩ）をつくりました。「ＮＴＴ一社による電話会社の独占《どくせん》状態はよくない。競争制にしなければ料金が安くならないだろう」ということで、ほかの会社とも協力しながら進めたのです。

こうして、京セラと第二電電の二つを成功させ、引退したあとは宗教修行《しゅぎょう》などもしていました。あるいは、会社の顧問《こもん》的なこともしていたとは思いますが、JALの再建のときに呼び出され、不可能と思われていたものに、二、三年で回復の道をつけたわけです。

ただ、今後、これがどうなるかは分かりません。トップだったJALが、今、ANA《アナ》にトップの座を奪《うば》われている状況《じょうきょう》ではあるので、まだまだ分からないところはあります。

また、政府専用機もJALからANAに移るという話もあるので、この先、予断を許さないでしょう。JALの再建は政府からだいぶ補助金が入ってのことであり、ANAからは、かなり苦情を言ったりもしているため、ANAのほうを優遇《ゆうぐう》しなくてはいけないという面もあるのかもしれません。

いずれにせよ、稲盛さんは、幸之助さんの思想を受けて経営をし、京セラを大きくしたことは事実です。彼は、幸之助さんのセミナーに参加したのですが、そのときに幸之助さんは、集まった経営者を前にして、無借金経営（ダム経営）の話をしました。そのあと質問の手が挙がって、「今、ダム経営と言われたが、どうしたらダム経営ができるのですか？」と訊《き》かれたのですが、幸之助さんは、しばらく考えて、「『こうしたらできる』とは言えないけど、とにかく、『ダム経営をしよう』と思わなかったらできませんわな。思うことが先決ですな」という感じの答えをしたようです。

たいていの経営者は、それを聞いて、ドッと笑ったらしいのですが、まだ若かった稲盛和夫さんは、「そうか。やはり、思わなければ無借金経営はできないのだ」ということを真摯《しんし》に捉《とら》えました。それで、黒字を貯めて無借金経営にすることを考えたのでしょう。やがて、京セラでお金をずいぶん貯めて、第二電電を始めるきっかけにもなったのだと思います。

稲盛さんは、ＪＡＬを引き受けるときに、「補助金をもらうとか、借金があるとかいう会社を経営したこともないし、リストラもしたことがない。こんなのは初めてだ」というようなことを言っていたとは思いますが、幸之助さんの経営思想を受け継《つ》いでいたわけです。

なお、幸之助さんは「経営の神様」と言われましたが、稲盛さんは、盛和塾《せいわじゅく》を運営して、それがハワイや中国など、海外にまで広がっており、「経営の神様」を引き継ぎにかかっているようです。

ただ、稲盛さんは、現政権ではなく、前の民主党政権下で選ばれたので、現政権はあまり快《こころよ》く思っていないかもしれません。

「思いの力」を組織体レベルで生かす難しさ

また、民主党政権のときに、松下政経塾《せいけいじゅく》一期生の野田佳彦《のだよしひこ》さんが三人目の首相になりましたが、その際、「松下幸之助さんは、国についても『無借金経営』（無税国家論）ということを言っていたが、野田首相は一期生としてどう思うか」という質問がなされました。その質問をしたのは、松下政経塾の立ち上げに携《たずさ》わり、ＰＨＰ研究所の社長をして、参議院議員となった人です。

野田さんは、「それは昔の話です。当時とは事情が違いますから、幸之助さんだって、それは分かってくれると思います」というようなことを答えていましたが、やはり、前述の「思わなければ無借金経営はできない」ということに合点《がてん》がいく人と、いかない人との違いが、はっきりあるのでしょう。

実際に、「思いから物事が出来上がる」ということを信じられる人にとって、それは可能なのですが、「そんなことはできるわけがない。借金をなしにして、できるわけがないではないか」と思う人には、永遠にできないことなのだと思います。

通常、「思いの力」のようなものは、個人レベルでは、心理学的な動機として使いやすいところはあります。例えば、「セールスマンが思いを固めて取り組む」というかたちで、ある程度、使えるのです。

ところが、「組織体があるものの経営では、そう簡単に、思いだけでどうにもなるものではない」という考えもあり、否定的な方は多いのかもしれません。

しかし、「思いが出発点である」というところは、そのとおりだと思うのです。経営学にしても、経営成功学という「成功」の思いを持たなければならないでしょう。「潰《つぶ》れても構わないのだ」と思っているような経営学であれば、そうなってもしかたがないように思います。

やはり、多くの人は、まだまだ「思いの力」というものを十分に理解していないのではないかと、私は考えています。

3 「無借金経営」を実践《じっせん》している幸福の科学

三十年近く前、まったくの無借金から始めた

かく言う幸福の科学も、稲盛《いなもり》さんのところと同様、松下さんの思想を学んで、「無借金経営はできるのではないか」というように考えて取り組んだ結果、現在、無借金経営ができています。

現在、二千人になりなんとする職員を持ち、国内での宗教や海外での伝道事業、出版事業、教育事業、政党事業、映画等の文化事業等、いろいろな事業を展開していますし、その他、NPO関連のものや教育関連のものなどにも数多く取り組んでいるのですが、経営体としては無借金で行《おこな》っています。要するに、「財産だ

けがあって、負債《ふさい》ゼロ」という状態で現在までできています。やはり、こうしたことは、思わなければできないのです。

ところが、幸福の科学を始めるときに、出家《しゅっけ》して最初の局長等になってもらった人などは、実際に小さな会社の事業経営をしようとしていた人であったため、「まずは銀行から借金してやるものだ。それで、三年ぐらいで収支トントンに持っていって黒字化していくのが普通《ふつう》のセオリーだ」という感じの考えを持っていたと思います。

一方、私のほうは、借金することをまったく考えてはいませんでした。まずは手金《てがね》をつくる、キャッシュをつくるということで、最初の座談会で、ブックレット（小冊子）を売ったのです。

それは、コピーして、手で穴を開けて、紐《ひも》で綴《と》じたようなものでした。まだ基本書が出る前だったので、原稿《げんこう》用紙二十枚ぐらいの私の手書きの原稿を、当時はワープロで打ってもらい、それを綴じてブックレットにしたのです。それらを積み上げて、最初の座談会で売りさばきました。

それ以外には、封筒《ふうとう》を渡《わた》して、感謝奉納《ほうのう》ということで、「お気持ちだけ納めてくだされば結構です」というかたちで開催《かいさい》したのです。

そうしたところ、全国から集まったのは八十数名なのですが、蓋《ふた》を開けてみれば、百万円には届かなかったものの、数十万円の黒字となりました。

なお、借りた会場は、日暮里酒販会館《にっぽりしゅはんかいかん》というところでしたが、そこはときどき酒屋さんが集まって会合や飲み会に使うぐらいで、普段は遊ばせているところです。ヨガの教室などにも貸し出したりしていたようですが、そこをタダで借りて開いたわけです。

つまり、経費は限りなくゼロに近いかたちで開催し、小冊子を売ったり、講演に寄付をしていただいたりして、たぶん八十万円前後かと思いますけれども、最初のキャッシュができました。これが、基本的に幸福の科学の「資本金」になったのです。以上は、一九八六年十一月二十三日のことです。

その翌年《よくとし》には、「月刊誌ぐらい出してほしい」という声が強くなったので、最初はカラー刷りではなく、事実上、黒色だけの一色刷りで、簡単な表紙の月刊誌を四月から発行し始めました。それが、今の月刊誌（月刊「幸福の科学」）になっているわけです。また、同じ年の三月八日には、最初の講演会（「幸福の原理」）を開催しました。そういうかたちで始めていったのです。

なお、最初に雇《やと》っていた職員は二人だけで、それも二人とも別なアルバイトをしながら勤めてもらうというかたちであり、支払《しはら》いは月に五万円ずつだけでした。つまり、十万円だけ払って、事務所のほうは、最初のうちはタダで借りていたのです。ただ、収入が上がってくるようになってからは、事務所代を支払うようにはなっていきました。

ともかく、そのように「他人の庇《ひさし》を借りて始める」というセオリーどおりのかたちで始めていったのです。

そのへんで人間関係の難しさによる葛藤《かっとう》は起きたものの、庇を借りて始める、要するに、信者宅の六畳《じょう》の一部屋を事務所として借りて始めましたし、職員はアルバイトをしながらの二人だけで、私も給料をもらってはいませんでした。

やがて、始めて半年ぐらいすると何千万円かお金が貯《た》まっているぐらいまでになり、事務局長を入れましたし、「こんなにお金が貯まっているのに給料を払っていないのはよくない」ということで、私にも給料が出るようになったのです(笑)。

いずれにせよ、まったく無借金から始め、キャッシュ・フロー重視で経営していき、だんだん大きくしていって、現在の規模までつくってきました。本当に、「無借金経営」をしたわけです。

宗教においても大切な「黒字化体質」は、松下氏のおかげ

そのように、実際に無借金経営をしたことのある人間が言っているので、説得力はあると思います。

ただ、「宗教だから借金しないか」というと、そのようなことはなくて、ほかの宗教でも、やはり、「本山《ほんざん》をつくったり、本部を建てたりするときには、銀行から借金をして建てている」という話を銀行筋から聞いています。どことは言いませんが、実際に、「百五十億円とか、八十億円とか、たくさん借りて建物を建て、バブルが崩壊《ほうかい》して担保価値が下がり、借金が返せないで困っている団体もある」というように聞きました。

その意味で、経営の理論上は、営利事業であっても非営利事業であっても、「利益」もしくは「経営・運営を維持《いじ》していくための費用としての利益相当部分」

は必要だと思うのです。それを考えながら組織運営をしていくことは非常に大事であって、やはり、そのための収入のもとになるものをつくり出していかなければならないし、それを組織として回転していくようにつくっていかなければならないわけです。

幸福の科学は、そのあたりから始めて、おそらく、宗教団体としては、今、日本では、もう一、二を争うぐらいの財務力を持った教団になっていると思います。ただ、こうしたことをあまり言いすぎると、「宗教法人に課税すればよい」などと、すぐに言われます。

しかし、当会は、何の努力もせずにいるわけではないのです。創意工夫《くふう》して、他教団との違《ちが》いをしっかり出し、多くの人に感謝される、役に立つ仕事をして、そのような体質ができてきているので、やはり、それは「思い」から出発して成功しているのだと考えています。

その意味で、松下幸之助さんの考えには非常に大きな影響《えいきょう》を受けていますし、いちばんの恩恵《おんけい》は、事実上の無借金経営を、現在に至るまで、もう三十年近くできていることだと思います。

一時期、宗教法人格を取った年に、マスコミとのトラブルも少しあって、信者から借入金《かりいれきん》などをしばらく起こしたこともありますが、基本的に全部返しましたので、無借金経営が続いています。

これをやると、だいたい、仕事のスタートが遅《おく》れるように見えるのですが、一定時期を越《こ》えて、経営体質が黒字化体質になってくると、資本の蓄積《ちくせき》ができてきて、投資がどんどんできるようになるのです。

そのように、「経費が少なくて収入部分が多いと、投資ができるようになって、最初は遅《おそ》いものの、だんだん、加速度を増して速くできるようになってくる」という経験をしました。その意味で、幸之助さんには大きな影響を受けています。

4 「事業部制」の先駆者《せんくしゃ》だった松下幸之助氏

松下氏の「経営哲学《てつがく》を説く」仕事は日本の発展に役立った

ただ、松下幸之助さんに関しては、それ以外にも、かなり、いろいろな点で勉強させてもらったところがあります。

幸之助さんは、経営者として非常に忙《いそが》しかっただろうと思いますが、電器会社であったため、戦前から、テープレコーダーみたいなもので録音ができたので、朝礼等で話したもののテープがずっと遺《のこ》っているわけです。

それは、PHP研究所によれば、「だいたい三千本ぐらい遺っている」ということなので、「すごいな」と思います。仕事もやりながら、それ以外に、三千回も話をしているのです。それらの話は、「平均すると、一時間ぐらいにはなるだろう」とのことです。

実際には、六十五歳《さい》ぐらいで社長業を引退してからあとの活躍《かつやく》のほうが、経営哲学《てつがく》を説く場としては、かなり多く、いろいろなところから声をかけられては行《い》って、惜《お》しまずに話をしているので、晩年のほうが仕事としては重要だったと思います。

ただ、若いころからの話が遺っているというのは事実であり、それを要約したものが全四十五巻もの全集（『松下幸之助発言集』）になるぐらいあるので、一つの大きな会社をつくりながら、一方では、そうした全集を遺せるほどの教えみたいなもの、一種の〝松下教〟ともいえるようなものを説いていたわけです。

幸之助さんは、そうした自分の哲学を、人の手も借りながらではあるものの、何とか分かるようにまとめて、「ほかの人に分けていこう」というか、「分かってもらおう」としました。そのような、晩年における、自分の経営思想を広げようとする努力も、日本の発展には非常に役に立ったのではないかと思います。

「丁稚奉公《でっちぼうこう》」をしながら「商売のコツ」を会得《えとく》した松下氏

この人の偉《えら》いと思うところは、出発点において、もう、「金もなければ、体力もなく、学歴もない」という、何もないところから始めたところであり、これは事実です。

幸之助さんの生家は、生まれた当初は、「素封家《そほうか》」というか、ある程度の地主のような、そこそこ収入がある家であったらしいのですが、お父さんが米相場で失敗したのもあって、小学校を四年で中退し、和歌山から大阪《おおさか》のほうに出て、丁《でっ》稚奉公《ちぼうこう》をしたところから、その商売人としての人生が始まります。

これは伝記等に書かれているので、そちらのほうを参考にされるとよいと思いますが、幸之助さんは、そうした丁稚奉公をしながら、商売のコツを自ら覚えていったわけです。

例えば、幸之助さんが丁稚奉公をしていたときのエピソードとしては、自転車の販売《はんばい》の交渉《こうしょう》を任されて、お客さんのところに行ってきたときに、勝手に一割の値引きをしてきたために、店主に怒《おこ》られ、「もう一回行って、五分引きの金額で売ってこい」と言われた話があります。

そのときに、幸之助さんは、「私がいったん行ってきて、値引きして売ったものやから、納得《なっとく》がいかん」というようなことを言って、泣きながら抵抗《ていこう》したりしました（注。その結果、そのお客は幸之助さんを気に入り、五分引きで納得して、リピーターになった）。

また、自転車店に来るお客に、「タバコを買ってきてくれ」とよく言われるので、「タバコ屋に行って、まとめて買い置きしておいたら楽でよい」というように考えました。しかも、当時、二十箱買えば一箱分おまけしてくれたので、「まとめて仕入れたら安くなって、個人的に、利益もあげられるようになった」ということを経験したりもしています。

「病弱で、体が弱い」ところから生まれた松下電器の「事業部制」

そのように、松下幸之助さんは、いろいろな努力をしたようで、さまざまなことをしていますが、本当に、「学歴もなく、金もなく、体力も弱かった」というところが不思議なところです。

「よほど体力でもあったのかな」と普通《ふつう》は思うものの、体力も弱く、家族にも結核《けっかく》で亡《な》くなった人がたくさんいて、兄弟のなかでも最後の男の子だったようですが、風邪気味《かぜぎみ》でよく倒《たお》れ、家族も心配しているような状況《じょうきょう》だったので、仕事を始めても、「毎日働けなかった」「三日出勤しては一日休むというようなかたちだった」とも言っています。

そのように、「病弱だった」というのは、意外で不思議です。そうした、学歴もなく、金もなくて事業を始めたような人は、体力だけはすごく、「熱意と体力でガンガンやって広げた」と思うのが普通ですが、「体力までなかった」というのです。

それで「大きな会社がつくれた」というのは実に不思議ですが、「体力が続かず毎日仕事ができないので、人に任せる方法を一生懸命《いっしょうけんめい》、編み出した」というわけです。

その発想が、後《のち》に「事業部制」というものになりました。これは、ある意味で、「世界初」の試みだったらしいのです。

その後は、世界のどこにおいても、大きな会社には事業部制ができていきましたが、幸之助さんは、「全部を社長一人で見ることができないので、事業部制をつくり、それを分社制にして、その事業部長が一つの小さな部門の〝社長〟として経営を見るようにすれば、会社が大きくなってもやっていける」ということで、分社制を戦前の日本で敷《し》きました。

これは経営学者のドラッカーも驚《おどろ》いていることですが、そうした意味での分社制は日本で始まったものだったわけです。

創業時に参考にした「ドラッカー・松下」両氏の考え方

ドラッカー理論の最初のものに、『現代の経営(上・下)』という、最も大きな影響《えいきょう》を与《あた》えた本がありますが、あの本に書かれているのも、ほとんど、そうした分社制型の「任せて大きくしていく考え方」であり、「そのためには、経営担当者を育てなくてはいけない」ということをドラッカーは力説しています。つまり、「最初は、すごく頼《たよ》りなく見えるかもしれないが、やっているうちに、それなりになってくるものだ」というようなことを述べているのです。

私もそれに勇気づけられ、幸福の科学も当初は、部下もいないのに、局長などをたくさんつくったりしたものの、「このようなことでよいのだろうか」と思ったりもしました。本当は委員でもいいぐらいで、最初は、委員などで運営していたのですが、「委員」といわず「局長」と称《しょう》したために、「局長はいるけれども、部下はゼロ」という状態だったのです。

局長を置いて、「局をつくりなさい」というような感じで任せたら、「局長」と名が付くとだんだん部下が欲《ほ》しくなるので、下に人を入れて、何らかの仕事がそれぞれできるようになってきています。

今は、幸福の科学の各部門でいろいろな仕事をやっていますが、もとは、そのように全部、自分でつくったものなのです。

まずは、「これをやりたい」という仕事の理念があって、そこに、たいていの場合、局長を任命しました。そのなかには、在家《ざいけ》から出家《しゅっけ》したばかりの人もいましたが、「あとは頑張《がんば》ってつくりなさい」というような感じで走らせて、一定期間、その人の考えでやらせるのです。

それで、一年ぐらい見ていて、「やや軌道《きどう》からズレているかな」とか、「やや違《ちが》うな」と思ってきたら、あとで修正をかけていくというやり方を、基本的にはとっていました。

ただ、私であっても、いろいろなことを全部知っているわけではなく、自分でも十分にできないことを任せているので、失敗するのは当然なのです。それでも、その人が試行錯誤《しこうさくご》しているのを見て、報告を受けたり、アドバイスをしたりしながら、しばらく、一年ぐらいやらせていると、だいたいの様子が見えてくるようになります。それを見て、「打つべき手としては、こうしたほうがいい」ということをだいたい言えるようになるわけです。

そのように、「最初は自由に走らせて、あとで修正をかけていく」という方法でやっていました。

いちおう、局長に就《つ》けた人は、業務的に何らかの関連のあるタイプの人を、そこに置いてやらせたわけなので、「その業務に関しては総裁より詳《くわ》しい」と、本人としては思っている人が多かったと思います。

しかし、こちらも一年ぐらい見ていると、だいたい、「やり方としては、こうしたほうがいい」というのが、よく見えるようになってくるので、向こうとしては、「最初は自由にやらせてくれていたのが、だんだん、ときどき釘《くぎ》を刺《さ》されたりするようになってくる」というような感じだったでしょう。

だいたい年上の人が局長をやっていたので、私も言いにくかったのですが、丁《てい》寧《ねい》な言葉や敬語を使って、軌道修正してもらうようにお願いしながらやるような感じでした。その意味で、最初のころ、私はワンマン経営者ではなく、運営に関するところは非常に丁寧にやっていたと思います。ただ、講演など自分の話のほうは、「自分自身の仕事」と思って、一生懸命、全力でやっている状況ではありました。

そのあたりについては、いろいろと、隠《かく》されたノウハウがたくさんあるわけですが、「松下幸之助さんの考え方も非常に勉強になった」ということは言えます。

5 「経営哲学《てつがく》」「経営理論」は規模相応に変化する

松下幸之助氏に学ぶ「夢を持つこと」の大切さ

松下幸之助さんは、「本当に『資本金なし、体力なし、学歴なし』で全部を始め、だんだん会社が大きくなっていき、未知の体験にどんどん突入《とつにゅう》していく」というようなことを一代で経験し、最後は、自分の会社の製品も、もう分からないぐらい現代化していきました。

そのため、「小学校中退の人が、中卒を雇《やと》い、高卒を雇い、高専卒を雇い、大卒を雇い、大学院卒を雇い、偉《えら》い人をたくさん雇って使わなくてはいけない」という意味で、「人使い」のこともそうとう研究して、会社経営を行いました。

そのあたりについては、やはり、いまだに、新しく起業する人にとって参考になる部分がそうとうあると思います。

その意味で、この人の場合、「まずは、『思い』と言ってもいいし、『夢』が先にあった」ということは言えると思うのです。企業家《きぎょうか》は、ある意味での「ドリーマー」というか、「夢を持つ人」でなくてはいけません。夢がないと、やはり、「新しいものが立ち上がって大きくなる」ということはないでしょう。

「夢があり、目標があって、目標の結果を見る。そして、その成果に関する反省をし、さらに、『次はどうするか』という、次に打つべき手を考えていく」、この循環《じゅんかん》を繰《く》り返し行《おこな》っていたのだろうと思います。

また、幸之助さんは、比較《ひかく》的早いうちに、会社の「二十五年周期」での回転を考えています。当時は「人生五十年」と思われていたので、「働ける期間は二十五年ぐらい」と見て、「二十五年のうち、最初の十年で基礎《きそ》の部分を固め、次の十年で大きくして周りに広げ、最後の五年で社会に恩返しをする」というように考えたわけです。そして、そのような二十五年周期を十回転させる、会社の「二百五十年計画」を立てたりもしていました。

ただ、これも、会社が「パナソニック」になったので、引き継《つ》がれないかもしれませんが、そうした大きな夢を持っていたことは事実です。

そのときは昭和恐慌《きょうこう》（昭和五年）のころだったのですが、天理教《てんりきょう》にも視察に行って、「〝宗教的〟ミッション経営が非常に大事だ」ということを悟《さと》り、「松下教」ともいわれるような、いろいろな経営理念や教義のようなものを〝編み出して〟いって、それをみんなに共有してもらおうと、一生懸命《いっしょうけんめい》努力したことは、やはり非常に参考になると思います。

実体験がある「職員の急増」と「ダウンサイジング」

松下幸之助さんの語っていることのなかに、「実は、会社が小さいときのほうが、本当に生きがいはあった」ということがあります。

「社員が五十人、百人のときは、自分の思うようになったし、家族経営で和気あいあいとやれた。また、二、三百人ぐらいのときにも、思うように経営がいって、うれしかったこともあったけれども、だんだん大きくなると、思うようにいかなくなった。

千人ぐらいになると、会社の人が、お願いしないと動いてくれないぐらいの感じになってきて、一万人以上の規模になると、お願いしたぐらいでは動かないような組織体になってきて、もう、祈《いの》るような気持ち、社員を拝《おが》む感じで、『本当に、お願いするから頼《たの》む。そのように動いてほしい。やってほしい』というように、祈るような経営をやっていた」

そのようなことを幸之助さんは言っているわけです。

その実感は、本当に手に取るように分かります。私も幸福の科学を始めるとき、職員は、アルバイト二人から始め、その後、数名ぐらいを雇い、十名、二十名になり、〝西荻《にしおぎ》時代〟（幸福の科学草創期）に五十名ぐらいになり、紀尾井町《きおいちょう》ビルを借りて入ったときに二百名に増え、そのあとは、あっという間に千三百八十名ぐらいまで増えました。

ところが、その年（一九九一年）に、「支部を開きすぎた」という理由で、二百五十まで開いた支部を、いったん百ぐらい閉《し》めて、百五十ぐらいにまで減らしました。当会も、初めてのダウンサイジング（規模縮小）を経験はしたのです。

「借入金《しゃくにゅうきん》の返済」と「黒字体質」の実現

その後は、経営コンサルタントだった一倉定《いちくらさだむ》さんの考え方も入ってはいます。それについては、また別途《べっと》、話をしなければいけないとは思いますが、一九九三年の五月ごろには、完全な均衡《きんこう》経営を達成して、それからあとは、まったくの「黒字体質」になっていきました。

ただ、一九九一年のころは、まだ少し、信者からの借入金《しゃくにゅうきん》などを積み上げていました。やはり、「資金が、資本金みたいに少しあったほうがやりやすい」と思って集めていたのですが、途中で、銀行出身の職員の「やはり、借金は借金ですから返さなくてはいけません。これをいくら積み上げたところで、使ってしまったら返せなくなりますから、よくないのではないでしょうか」という意見もあって、「そうか」ということで、せっかく貯《た》まっていたお金を「全部返そう」ということになりました。

その当時、五百億円ぐらいは借りていたと思うのですが、「その五百億円を、全部お返しする」というので、返ってきた信者のほうは、びっくりしていました。「もう返ってこないものだ」と思っていた人がほとんどだったのに、「何という宗教だ。貸した金を、うっすらではあるけれども、利子も付けて全部返してきた」というので、びっくりしていたわけです。

ただ、奇特《きとく》な人は返されても納得《なっとく》せず、「そのまま寄付する」と言って、寄付に切り替《か》えた人もかなりいました。

やはり、「実際の寄付でなければ本当の収入とは言えない」ということで、そちらに変えてやっていくようになり、その後は、黒字型の経営が続いて、順調に成長していきました。

幸福の科学の施設《しせつ》に対する方針を変えた理由

そして、一定以上、資金が貯まったあとは、投資のほうに回していっています。「投資効率がいちばんよいものは何か」ということを考え、まずは、総本山《そうほんざん》を建ててから、支部精舎《しょうじゃ》を二百ぐらい開き、さらに、いろいろなところに、正心館《しょうしんかん》等を建てていったり、人を増やしたりもしました。

最初は、〝レンタル〟の支部を増やしていました。これについては、ある経営アドバイザーから、「規模が固まるまではレンタルのほうがよい。規模が固まってから建てたらよい。規模が固まらないうちに建てると損をする」という意見があり、「なるほど」と思ったのです。

どのくらいの人が集まるかによって、建物の大きさは違《ちが》うため、「建てたけれども、使えなくなった」ということでは困ります。そこで、最初は、〝持ち物〟

を持たず、レンタルで、どんどん広げていたのですが、レンタルだと、やはり、宗教性が少し落ちるところがあるのです。

ほかの会社も入っているビルのワンフロアだけを借りて、祈願《きがん》や公案《こうあん》研修、あるいは説法《せっぽう》などをしても、ほかの会社に気兼《きが》ねするし、エレベーターで一緒《いっしょ》になることもあり、もうひとつ宗教的ではありません。

本山を建てて独自の施設《しせつ》をつくると、そういう修行《しゅぎょう》効果が大きいし、宗教性が高まってくるということも悟って、今は極力、すべて自前《じまえ》で建てていく方向でやっています。

「経営理論」を生かす際の「規模相応かどうか」の視点

私が松下幸之助さんに学んだことは、そのようなことですが、組織の規模がかなり違いましたので、ストレートには当たらない部分もありました。経営哲学や経営理論のなかには、会社の規模相応に当てはまるものがあるので、やはり、その規模をよく見ないといけないところがあると思います。

例えば、ドラッカーの理論は、だいたい、五千人から一万人規模以上の企業だと、ものすごくよく当たる感じがしますが、中小企業だと当たらない部分もあるでしょう。

また、一倉定さんの理論は、数十人から数百人ぐらいまでの企業であれば、言っていることが、とてもよく当たると思いますが、大企業になってからあとは、当たらない部分も出てくるかと思います。

幸之助さんは、小さな企業から大きいところまで経験されたわけですけれども、晩年は、かなり規模が大きく、自分で思ったようにできる部分がいろいろあったため、考えるスケールが、やや大きかったのです。そのため、最初は、当会もその考え方をストレートに使えたわけではありません。ただ、「考え方自体は、基本的に使えた」というところはありました。

松下幸之助さんで、特に印象に残っていることは、経営者としての心得でしょう。「心がけ」や「心得」のようなものが、極《きわ》めて大事だったと思います。

6　事業成功の秘訣《ひけつ》は「リピーターづくり」にあり

「経営は真剣勝負《しんけんしょうぶ》」という言葉を実践《じっせん》してきた私

今、私は、幸福の科学大学をつくるに当たり、「経営成功学」、すなわち、「経営に成功しなければいけない」という言い方をしていますが、これについて、言葉を換《か》えて述べてみましょう。

松下幸之助さんの言葉を使えば、これは、「経営は真剣勝負《しんけんしょうぶ》だ」ということです。彼は、そのような言い方をいつもしていましたし、繰《く》り返し述べていました。「真剣勝負というものは、道場における竹刀《しない》での打ち合いとは違《ちが》うのだ」ということです。

竹刀での試合においては、よいところに当たらなければ一本になりませんし、「三本勝負で、二本先取《せんしゅ》した者が勝ち」ということになります。最初に向こうに一本取られても、その後、こちらが二本取れば、こちらの勝ちになるわけですが、これが真剣で、最初の一本が当たっていたならば、こちらが死んでいることになります。要するに、試合では勝っても、真剣であれば、実は死んでいるのです。

また、試合では、「小手《こて》」や「面《めん》」、「胴《どう》」などの技《わざ》が、きちんと当たるべきところに当たらないと一本になりませんけれども、実戦であれば、どこに当たったとしても、斬《き》られたら痛みが走りますので、まったく違うかたちがありえます。つまり、試合であれば一本にならなくても、実戦であれば効いてくるというところがあるのです。

松下幸之助さんは、「実戦や真剣での勝負になったら、必ず、命懸《いのちが》けになる。『何回負けても構わない』という練習とは違って、一太刀《ひとたち》を浴び、斬られたら、それで終わりになる。商売は真剣勝負であり、勝たなければ駄目《だめ》なのだ。刀で戦っているならば、『負けてもよい』という気持ちでいたのではいけない。経営者は、そういう心構えでいかなければいかん」ということを、繰り返し述べていたと思います。

これは、私も、折に触《ふ》れて肝《きも》に銘《めい》じたものです。

私は、今までに、いろいろな行事等を、二千二百回以上行《おこな》ってきましたが、やはり、一つひとつ、真剣勝負というつもりでやってきました。いつも、「失敗したら、もうあとはないぞ」と思いつつやってきたのです。

そのなかには、数千人から数万人も入る大きな会場での行事もありましたし、もちろん、数十人から百人ぐらいの小さな行事もありました。また、経営者向けのセミナーのような、お布施《ふせ》が一人十万円や三十万円ぐらいの高いセミナーもあれば、公会堂で、千円ぐらいで行ったものもあります。

ただ、私は、その行事の規模や布施の大小を問わず、いつもプロフェッショナルとしての〝真剣勝負〟ということを考えていました。つまり、「失敗したら、そこで命を落としてもしかたがないのだ」という気持ちはあったのです。

その情熱の連続、毎回毎回、「真剣勝負だ」と思って行ってきた積み重ねが、二千二百回以上の行事等になりましたけれども、それは、聴《き》く人にも自然と伝わっていったのではないかと思います。

事業成功の秘訣《ひけつ》は「リピーターの獲得《かくとく》」にある

私が行事を始めた最初のころ、「ありがたい」と思ったのは、次のようなことです。

まず、東京から講演会等を始め、その後、東京以外の大都市でも行っていましたが、東京以外の大阪《おおさか》や九州、東北、北海道など、どこで行《おこな》っても、追っかけ風に、飛行機に乗ったり新幹線に乗ったりして追いかけてきて、講演を聴きに来る方がたくさんいました。通常、商売や営業においては、リピート客やリピーターといいますが、これは「信者」の始まりです。当初は、信者ではなく「会員」と呼んでいましたが、本当にありがたかったと思っています。

私の場合は、説法《せっぽう》を繰り返し聴いてくださる方が存在するということだと思いますが、商売で言えば、その商品を繰り返し買ってくださる方がいるということ、サービス業で言えば、そのサービスを繰り返し受けてくださる方がいるということが、事業成功の秘訣《ひけつ》だと思うのです。

ホテルであれば、お客様が、「食べ物がよくて、サービスがよくて、感じがよかった」と思えば、そのホテルを繰り返し使ってくれます。

こういうリピーターがつくか、一見《いちげん》さんが、「感じが悪かったな。もうやめた」というようになるかです。それには、「ご飯《はん》がまずかった」「言葉が汚《きたな》かった」

「待遇《たいぐう》が悪かった」「お風呂《ふろ》の片付けが十分でなかった」「空調が悪かった」、あるいは、「洗濯《せんたく》物を出したら縮んで返ってきた」など、いろいろな理由があるでしょう。

お客様が、そういう不快感を感じたときには、メモに書いて、ホテルや宿屋に出す場合もあります。そういうシステムをつくっているところもありますが、たいていの場合、何も言わずに、もう二度と使わず、終わりになってしまうことが多いのです。

そのように、理由を言われないため、分からないままでいることもあるでしょう。

私が海外で体験したホテルでのトラブル

私にも、外国などで、そのような体験があります。

「よいホテルだ」というので泊《と》まったのですが、シャツをクリーニングに出したら、裾《すそ》がおへその上まで縮んでいたことがあり、「いくら何でも、これはないでしょう」という感じだったのです。

〝強力なもの〟を使っているのだろうとは思いますが、ものによって使い分けてクリーニングしてもらわないと困ります。下着がおへその上まで縮んでいるような状態で返ってきては、もう着られません。

ホテル側は、セパレートでバラバラに、それぞれ仕事をしていますし、お互《たが》いの仕事について口出ししていないから分からないかもしれませんが、そのような状態も、けっこうありました。こういうミスが多いと、だいたいお客が嫌《いや》がり始めます。

また、「アメリカで一、二を争うホテルだ」というところにも泊まったのですが、お風呂に入ると、「お風呂のお湯が床《ゆか》を通って、下の階の天井《てんじょう》からボタボタと落ちている」というクレームがきて、大騒動《おおそうどう》になったことがあったのです。超《ちょう》一流ホテルで、そのような衝撃《しょうげき》的なこともありました。

もちろん、その反対もあります。

インドのホテルに泊まった際、そのホテルのバスタブは、最初からヒビが入って割れていました。私は、それを見た瞬間《しゅんかん》、「お湯が漏《も》れるのではないか」と思ったのですが、案《あん》の定《じょう》、お湯を入れて時間がたつと、お湯が抜《ぬ》けてなくなるのです。

ホテル側は、それを知っているため、私がお風呂に入って、五分ぐらいすると、突如《とつじょ》、従業員がドドッと入ってきて、お湯を注いで、かさ増ししていきました。こちらは素《す》っ裸《ぱだか》なのに、お風呂のなかに入ってきて、バケツのようなものでお湯を入れていくので、彼らは、水が抜けることを知っているわけです。それを知っていてもバスタブを直さず、お湯が抜ける時間を計算し、頃合《ころあ》いを見計らってお湯を足しにきていたのですが、「これはないでしょう」という感じです。

これは、〝行水《ぎょうずい》スタイル〟といえば、そのような感じもしないでもありません。

私も、小さいころに、「お釜《かま》でお湯を沸《わ》かしつつ、たらいに水を入れて入《はい》り、お湯を足していく」という行水を経験したことがありましたが、インドのホテルは、このような行水スタイルです。

さらに、水が漏れることは、みな知っており、最後は、六人の従業員が出てきて、ビシャビシャになった床を掃除《そうじ》したのですが、それを、毎日やっているらしいのです。

人件費のほうが安く、タイルとバスタブの部分を直すほうがお金がかかり、もったいないため、そのようにしているのでしょうが、驚《おどろ》いた経験があります。

サービス業というものには、いろいろなレベルがあると思うのですが、結局は、その総合が「成果」につながっていると思うのです。

先ほどの例で言えば、バスタブを直すとお金がかかるため、「経費を最小にする」ということだけを考えれば、直さないほうが安く済むでしょう。人件費のほうが、それを直すより安いのならば、人手でそれを補うということもあるかもしれませんが、「お客様の満足」というところも、やはり大事だろうと思うのです。

そういう意味で、幸之助さんは、わりあい早いうちから、「顧客《こきゃく》満足」というか、「サービスに満足していただく」ということを、ずいぶん考えていたと思います。

7　大事なことは「熱意」を持って繰《く》り返し伝える

経営者が同じことを繰《く》り返し言い続けなければいけない理由

さらに、意外なところなのですが、松下幸之助さんは、社員に「説得術」のようなものを、そうとう教え込《こ》んでいたように思うのです。「このように説得する」という、相手を説得する術《じゅつ》を、一生懸命《いっしょうけんめい》、繰《く》り返し教えていたということが言えます。

例えば、宣伝のキャッチコピーなどを考える場合でも、「すぐに思いついたものではなく、三日三晩、考え抜《ぬ》いて、考え抜いて、考え抜いて、『これは最高だ』と思うものを出す」ということもしていました。

そのあたりで私が参考になったものとしては、「経営者が、繰り返し繰り返し訴《うった》えかけなければ、浸透《しんとう》しない。みんなが理解しない。あるいは、『大事なことだ』と分かってくれないのだ」というようなことを言っていたことです。「短くてもよいから、繰り返し繰り返し言いなさい」というわけです。

これは、私も苦手《にがて》であり、本当に直さなければいけないと思って、ずっと反省しています。私はどうも、いつも新しいことを言うのが好きなのです。繰り返し同じことを言うと、勉強していないようにも見えるし、「ボケたのかな」と思われるかもしれないので、私には、いつも新しいことを言う癖《くせ》があります。

勉強が得意な、頭のよい方は、一回聞くと分かってしまうため、繰り返し言うと、「それは、もう前に聞きました。また同じことを言いました。それを言うのは三回目です」などと言われるのです。

そのように、頭のよい人を相手に同じことを言うと嫌《いや》がられるので、避《さ》ける気《け》がありますが、世の中、そういう頭のよい人ばかりではありません。

そのため、「初めて来た人や、新しい従業員などを訓練するに当たっては、やはり、繰り返し繰り返し同じことを言い続けて浸透させないと、自社の社員として、同じような動き方や考え方ができるようにはならない」ということも、彼は言っています。

「これについては、私たちも、十分、反省しなければいけない」と、いつも考えているところではあるのです。

それは結局、ある意味での社風にもなるわけで、会社の文化や企業風土《きぎょうふうど》、あるいは、遺伝子になる部分だと思うのです。トップが繰り返し訴えていったことが一種の〝刷り込み〟になっていって、みんなもできるようになるということです。

「うちの社長はこう言っていた」ということを繰り返し言うと、同じようなことが言えるようになっていくということです。

したがって、部下が同じことが言えないことを責めすぎるのは、「上の怠慢《たいまん》」なのだということです。これは私もよく反省しなければいけないと思っているところですが、繰り返し繰り返し言っておけばできるのだけれども、「一回言っただけだと、それがどれくらい重要なのか分からない」ということがあります。

さらに、何度も何度も言って、「三回ぐらい言われると動く」というスタイルの方もけっこういます。頭がよくてもそういうタイプの方もいるわけです。

人間は繰《く》り返し言われると「大事なことだ」と思う

だいたい、役所などもそうでしょう。三回は陳情《ちんじょう》しないと動かないのです。三回言ってきたら、「ああ、本気でする気なんだなあ」と思います。

例えば、「ここのところのマンション開発をやりたい」と言っても、一回では聞かないで、三回ぐらい陳情に来ると、「本気でやる気だな」と、やっと動き始めるというようなことが、よく言われています。

同じようなことが、銀行でもあります。銀行に申し入れをしても一回目は聞き逃《のが》しをして、本気で聞いてくれないのです。一回目言って、二回目言って、三回ぐらい言うと、やっと初めて「書類にして、本店のほうにも問い合わせをします」というようなことを言ってくれるものの、答えが返ってくるのは一年後、ということがよくありました。

交渉事《こうしょうごと》で、そのままやるとリスクが発生したり、自分たちに損なことがけっこうありますので、銀行では、そういう場合にはできるだけ引き延ばすのがいいのでしょう。あとになればなるほどリスクが減るし、相手が諦《あきら》めたらそれで終わりですので、自分のほうがリスクを負うようなことや、危険なことはなるべく聞かないわけです。

ただ、向こうがどれだけ熱意があるか、一回言って諦めるかどうか、三回でまだ言ってくるか、見ているようなところがあります。

つまり、「重要な案件かどうか、大事な案件かどうかという判断が、一回目ではできない」ということもあると思うのです。どの程度なのか分からないことがあるので、繰《く》り返し訴えてくると、「ここは大事なことなのかな」と分かることがあるらしいのです。

これは、社員などにも同じようなことが言えるわけで、繰り返し繰り返し言っていると、「ああ、これは大事なことなんだなあ」ということが分かってくるのです。

「人間の理解力はそんなに高いものではない」ということは知らなければいけないし、たくさんのことを話しても全部を覚えるのは大変でしょう。しかし、繰り返し言うところがあれば、「そこが重要なことなんだな」ということが分かるので、トップが繰り返し繰り返し言っていること、口癖のように言っていることは、まねして言うことができるようになるわけです。

相手が分かるように繰《く》り返し言うことは「サービス精神」

このへんは、少し頭がよかったり、いろいろな勉強が好きな人ほど、そういうのを嫌がる気《け》があるので、ここは何とか努力しなければいけないところだと思っています。

私もなかなか直らないので、「もう少しくどくどと、何回も何回も同じことを言う訓練をしなければいけないな」と思うのですが、「一回説法《せっぽう》で言ったら、それでもう分かっているだろう」というようなところもあります。

当会は説法がＣＤや本になって遺《のこ》りますので、「読めば分かるでしょう」というようなところがあるのですが、これは大学で言うと「秀才《しゅうさい》の勉強の仕方」のようなものです。一流大学の先生なども、そのようなところがあるかもしれません。「教科書に書いてあるね」「読めば分かるだろう」というようなところがけっこうあると思うのですが、不親切といえば不親切だと思うのです。

したがって、相手に分かるようにコミュニケーションを取らなければいけないわけで、相手の立場で分かるところまで言ってやらないと、「サービス精神」が足りないということはあるでしょう。

そういう意味で、「繰《く》り返し訴える」ということは大事ではないかと思います。

五十回以上もの談判《だんぱん》で「財閥指定《ざいばつ》」を免《まぬが》れた松下電器

この証明の一つが松下電器です。戦争中に日本軍に協力した企業等は、戦後に財閥《ざいばつ》指定がなされて、バラバラにされ、解体された経過がけっこうありますけれども、松下電器も財閥指定されてしまいました。

しかし、松下幸之助さんの考えは、「私のところは財閥ではありません。三井《みつい》や三菱《みつびし》、住友《すみとも》など、そういうところは財閥ですけれども、私のところは全然財閥などではありません。自分一代で、二股《ふたまた》ソケットをつくるあたりから始めていったので、まったく財閥ではないのに、財閥指定されました。それは納得《なっとく》がいきません」ということでした。

松下さんは大阪《おおさか》に住んでいたのですけれども、東京のお堀端《ほりばた》の第一生命があるところのＧＨＱ（連合国軍最高司令官総司令部）の本部まで、戦後の交通事情が悪いなか、たぶん十数時間はかかったと思いますが、汽車で上京しては五十数回も掛《か》け合ってＧＨＱに言い続けたのです。その結果、「分かった。そこまで言うなら分かった」ということで財閥指定の取り消しに成功して、バラされるところを元の「松下電器」として続けられたという話があります。そのころに〝税金の滞納王《たいのうおう》〟などと言われてだいぶ騒《さわ》がれたこともあったと思います。

戦前に軍部の要請《ようせい》で、「おまえのところは電器会社だけど、ほかのものもつくれないわけはないだろう」ということで、「木造船や木造飛行機をつくってみろ」などと言われたようです。偽物《にせもの》の模擬《もぎ》飛行機で、敵に爆撃《ばくげき》されるときに、空港に並べて飛行機があるように見せて狙《ねら》わせ、爆弾《ばくだん》を消費させるための偽飛行機や偽の軍艦《ぐんかん》などを、研究してかかってはいたようですが、実戦で使うところまでは行っていなかったようです。

ただ、「その程度で財閥指定されて、仕事ができなくなるというのは敵《かな》わない」ということで、五十数回も訴えたわけです。そういう「しつこさ」も、熱意でしょう。自分が正しい、言っていることが正しいと思ったら、繰り返し繰り返し訴え続けるということが大事です。

ＧＨＱというのは、天皇陛下も〝硬直《こうちょく》〟した状態で会ったと言われるような権《けん》威《い》であり、〝天から降《くだ》ってきた神様〟のようなものですけれども、そういうところに何十回も談判《だんぱん》に行くというのは、そうとうなものです。

やはり、そうでなければ、従業員の雇用《こよう》も守れないし、会社自体もなくなるし、そもそも判定の根拠《こんきょ》が間違《まちが》っていると思ったので、繰り返し繰り返し言いに行ったということでしょう。このへんは学ばなければいけないと思います。

ですから、「脆弱《ぜいじゃく》な体で弱く、休んでは出てきていた」というような人でも、何とかやっていたらそこまで来て、だんだん晩年になるほど体が壮健《そうけん》になってきたらしいのです。だんだん食べるものがよくなったのかもしれませんし、やっているうちに鍛《きた》えられたこともあるのかもしれません。そういう意味で、いろいろ苦労はなされたと思います。

要するに、外に対してPRするのに、「わが社はこういうことをしているのです」「こういうものを売っているのです」「これはこういう効用があるのです」「そこがよく役に立つのです」ということを繰り返し繰り返し訴えないと、分かってはくれないものだということです。

これは、政党（幸福実現党）などにも、たぶん言えるのではないかと思います。頭がよすぎると、同じことを二度は言わないで、違うことを言ったりしていると思うのですが、繰り返し繰り返し言わないと相手に分からないというところはあるでしょう。このへんは、まだ当会も足りないところかと思います。

内部に向けても、「経営担当者や自分の番頭《ばんとう》さん、あるいは、自分の意を汲《く》んで動ける人をつくろう」と思ったら、繰り返し繰り返し「説得する技術」が必要なのだということです。それを努力しなければいけません。

8　「付加価値」を生まなければ専門家とは言えない

抜本的《ばっぽん》な「発想の転換《てんかん》」が不可能を可能にすることもある

ただ、人に任せるのも非常に難しいところがありまして、松下幸之助氏のように自分で企業《きぎょう》をつくったような人は、当然、才能もありますから、何でも自分で見ないと気が済まないところがあるのです。

例えば、機械類を開発してきても、手で持ち上げただけで、「ああ、これは何キロある」と言って重さが分かって、「これは二十キロあるけど、もうちょっと軽くしろ」とか、「あと何キロ落とせ」とか、こういうことを独断で言ってくるようなところがあるわけです。

あるいは、取引先が二十パーセントぐらいの値引きを言ってきたら、部下が「五パーセントぐらいの値引きだったら耐《た》えられても、二十パーセントの値引きだったら赤字になるから耐えられない」と一生懸命《いっしょうけんめい》言ってくるというようなこともありました。

そのときに幸之助さんは、「そうは言っても、向こうさんがそうやって『値引きしてくれ』と言う以上、向こうもコストダウンをしなければ市場での競争に敗れるから、うちに頼《たの》んできているので、断ったらどうせほかのところに頼むだけのことだ。五パーセントや十パーセント、二十パーセントの値引きは難しいかもしれないけれども、思い切って考え方を変えて、『五十パーセントの値引きができるぐらい、半額でつくれないか』という発想で取り組んでみなさい」というような感じで言って、やらせてみたのです。

「半額にする」ということは、根本的に考え方を変えなければいけなくなるのですが、「抜本的《ばっぽん》に考え方やつくり方等を考え直したら、当初の目標は達成できてしまった」ということがありました。

ですから、部下の「できない」を聞いてもいけないということです。「できない、できない」と言っている部下に、「これは発想を変えたほうがいいよ」と言ったわけです。少しの値引きではできないけれども、「半額にしろ」と言われたら全然違《ちが》う発想をせざるをえなくなるのです。

こういうことは、今でも仕事のレベルでは言えると思うのです。

「できない言い訳」に頭のよさを使っていないか

新しいことで、今までやったことのない企画などを受けると、すぐに、「経験がないとできません」ということを言ってくるだろうと思うのです。そういうときに、「できません」の理由を聞くと、「これこれ、こうであるからできません」

と見事に言う人もいます。頭はとてもいいのです。

例えば、当会も財務の担当者はずいぶん替《か》わりましたが、私も、ある財務の担当者のときに電話で話したことがあるのですけれども、できない理由をたちどころに五つ挙げました。箇条《かじょう》書きで、パーッと見事に理路整然と、時間も置かずに、「この理由によりできません」という理由を〝五箇条の御誓文《ごせいもん》〟のごとく五つ挙げてきたのです。「そういうところで頭のよさを使っているんだなあ」と思いました。某《ぼう》有名都銀《とぎん》に勤めていた方ではあるのですけれども、「できない」ということに対して、論理的にスパーッと答えて、素晴《すば》らしい〝切れ味〟です。

ただ、その素晴らしい〝刀の切れ味〟を、「どうやったらできるか」のほうに回してもらえないのでしょうか。「どうすればそれはできるのだろう」というほうに回してもらえれば、その素晴らしい頭を使って、「何か一つ思いつくのではないか」ということはありえると思うのですが、〝できないこと〟に対しては、見事な答えというか、〝満点回答〟です。

ここまで言われたら、「もう本当にできるのかな」と、こちらが説得されて洗脳されるぐらいの速さで理路整然としていて、「ああ、ずいぶん〝切れる〟んだなあ。専門家なんだなあ」と思いました。

「どうやったらできるのか」の答えには「付加価値」がある

しかし、いくら専門家でも、できないことばかり言う専門家は信用ならないでしょう。

例えば、地震《じしん》対策で、「地震はどこで起きるんだ?」と訊《き》かれ、「そんなの分かりません」と言うとか、「この辺りが起きやすいと言われているけど、どうだ?どのくらいの規模で来るんだ?」と訊かれ、「そんなの分かりません。起きてみないと分かりません」と言う。あるいは、豪雨《ごうう》の対策でも、「どのくらいの雨が降ったら、どうなるんだ?」と訊かれ、「そんなもの分かりません」と言うようなものでしょう。分からない理由は、幾《いく》らでも言えると思うのです。

ただ、それだけでは専門家としてはどうでしょうか。やはり、いろいろなことはあるでしょうから、「そのときにはどうするか」という対策を、頭を使って考えていくのが専門家でしょう。そうしなければいけないと思うのです。それで対策が立ってくるようになれば、「付加価値」があると思います。地震があっても被害《ひがい》を最小にすることを考えつく専門家だったら、それは付加価値があります。

しかし、「地震はいつ起きるか分からないし、どこに起きるか、どんな被害が出るかも分かりません。予知もできませんが、予知して外れたときの責任は問われます。つまり、『逃《に》げろ』とも言えません。逃げたら、少なくとも人的被害はありませんけれども、予知して来なかったら恥《はじ》をかいて責められるので、それは言えません」というように、専門家というのは、「できません」ばかりたくさん並べる癖《くせ》は必ずあるのです。

その「できません」の〝鎧《よろい》〟を脱《ぬ》がさなければ駄目《だめ》で、「では、どうしたらできるのでしょうか」ということを、分析的《ぶんせき》に考えるべきです。

プロとして「付加価値を生むやり方」を考えなければならない

例えば、「『できない』と言っているけれども、一時間に百ミリの雨が降った場合はどうなるんだ？　いったい、どこまで冠水《かんすい》するんだ？　冠水する場合、被害を最小にするには、どうすればよいのだ？」などと言ってブレイクダウン（細分化）し、質問を分解して考え方を出させると、そういった細《こま》かい質問に対しては、「それは、このようにすればできるかもしれません」などと思いつくことはあります。結局は、責任を取りたくないのです。

特に、日本の教育の場合、高度な教育を受けた人ほど、責任を取らない体質になる傾向《けいこう》は非常に強いので、気をつけなければいけません。まず、「できない」ということを前提にして、自分の責任が発生しないようにするのです。

「少なくとも、自分がその担当に就《つ》いている間は、責任を取らないで済むようにしよう」と一生懸命にする癖がありますが、やはり、プロとして、専門家として、それではいけないのではないでしょうか。

方向性というのがありますから、「付加価値を生む方法」、あるいは別の言葉で言えば、「ほかの人たちの役に立つやり方」はあるのではないかということを、考えなければいけないのです。

交渉《こうしょう》において必要な「説得の技術」

今回、幸福の科学大学の申請《しんせい》をするに当たっても、「経営成功学部」などについては、『『成功』のところを取ってください。『経営学部』だったらいいです。

『成功』がつくと、詐欺《さぎ》になるかもしれないし、失敗することも多いから駄目です」ということを言われました。

「良心的に言ってくださっているな」とも思ったのですが、そういうことを急《きゅう》先鋒《せんぽう》で言っておられる、その〝親分〟のような立場にいる人というのは、私学の責任者でもあって、その人の大学を見てみると、赤字経営になっています。

自分のところでは赤字経営をしながら、実は、企業のマネジメントコースのようなものを持っている、要するに、幸福の科学大学と同じような経営を教えているコースを持っていらっしゃるらしいのです。「マネジメントコースのようなものを持っていても、大学の経営は赤字」ということから見て、当会が「経営成功学部」のようなものをつくるということに対しても、「そんな素人《しろうと》っぽい発想はやめたほうがいいですよ。そんなものは赤字になるんだから、そのときのことを考えれば、責任を取らないで済むように引っ込《こ》めたほうがいい」と言っているのでしょう。

これは、要するに、良心的に言っているようでありながら、自分の経験に基《もと》づいて言っているだけのこともあります。

また、そういうもの（経営成功学部）ができるなら、自分のところでもしたいわけでしょう。「したいけどできない」という、このあたりの違いのところは、どこまでが良心で、どこからが責任回避《かいひ》かは分からないにしても、やはり、「説得の技術」というのはあると思います。

そういったあたりの、「繰《く》り返し訴《うった》える」、あるいは、「相手が分かるように訴える」、「相手の目線で訴える」、「相手の立場で訴える」といった努力は、こちらもしなければいけません。また、内部的にも「それはそうだ」と納得《なっとく》がいくような合意をつくっておかなければいけません。向こうが、「できません」「それは駄目だ」と言ったら、「そうかな」と思って、すぐに引き下がってしまうようなら、やはり、内部的な説得も十分ではないと言えるのではないでしょうか。

9 「大きな政府」は必ず国の衰退《すいたい》を招く

国の発展をもたらす〝プロジェクトX《エックス》〟とは

やはり、新しい製品が世の中に出続けている、新しいサービスが出続けているということは、常に、そういうリスクに挑戦《ちょうせん》し、不可能だと言われていることを乗り越《こ》えていこうとした人たちがいたことは、間違《まちが》いないでしょう。

日本の景気は低迷《ていめい》して、なかなか伸《の》びません。「もう、この二十年ぐらい、ほとんど景気が伸びないのに、お隣《となり》の中国は何十倍にもなっているような発展をしている。これは、比較《ひかく》してみても、おかしな話だ」という意見があります。

これについては、経済評論家の竹中平蔵《たけなかへいぞう》さんが「どうしたらよいのでしょうか」と訊《き》かれたところ、次のようなことを言っていたと思います。「以前、NHKで放送していた『プロジェクトX《エックス》』ですよ。もう、あれしかありません。とにかく、『プロジェクトX』として、『成功するためのプロジェクト』を何かつくり、新しい商品を世に送る。新しい作品を世に送る。それを精魂《せいこん》込《こ》めてみんなで開発し、努力してつくっていく。それしかないですよ。それを国全体レベルでやっていくことが、やはり、新しい国の発展をもたらすので、『プロジェクトX』しかないですよ」というようなことを言っていましたが、私もそうだと思います。

個人の「自助努力の精神」が国力を強くする

今年の御生誕祭《ごせいたんさい》（七月八日の講演「繁栄《はんえい》への大戦略」）等でも述べたように、「アベノミクス」が、いちおう第一段階では、株価が上がったりして成功しているようには見えていますが、「大きな政府」を目指しているようにも見えなくもありません。

「大きな政府」というのは、必ず「社会主義的な考え方」をするようになるので、本当なら私企業《しきぎょう》が自力でやれるものを、政府のほうが面倒《めんどう》を見ようとする気《け》が出てきます。補助金を撒《ま》いたり、採算が悪いところに金を撒いたりする気《け》がすぐに出てくるので、これは気をつけなければいけません。

したがって、長い目で見て、国力を落とさないためには、やはり、個人個人が自立して戦わなければいけないのです。そういう「自助努力の精神」「自助論」を忘れてはいけません。

政府の補助があって、いろいろな社会福祉《ふくし》が充実《じゅうじつ》したり、老人介護《かいご》がよくなったり、あるいは、ワーキングプアの人たちが助かったりすること自体は悪いことではありませんが、おそらく、根本的な解決にはなりません。やはり、自立して、自分で稼《かせ》げたり、自営できたりする人を多くつくっていかないと、国としては衰《すい》退《たい》していきます。

このようなことを、今年の夏の「御生誕祭」で少し述べて、この講演が六つぐらいの地方テレビ局でも放映されたり、ラジオ局で放送されたりもしたのです。

「小さな政府」を目指した「サッチャリズム」

今日（二〇一四年八月二十五日）の朝日新聞の社説を読んだところ、「アベノミクス」批判をしていました。

そこには、「人の名前が付いた財政改革、国家の経営改革のようなものは、ほかにも前例はある。一つには『レーガノミクス』という、レーガン米元大統領の名前を付けた経営政策があったし、『サッチャリズム』というサッチャー英元首相の名前を付けたイギリスの財政再建もある。同じように『アベノミクス』という名前が付いているが、前二者とは決定的な違いがある。それは、『レーガノミクス』も『サッチャリズム』も、『小さな政府』を目指していたことだ」というようなことが書いてあったのです。

サッチャーも、補助金などの要《い》らないものを、どんどん切っていきましたし、大学関係に関しても、無駄《むだ》だと思うところはずいぶんと切っていたので、大学の先生などにも、すごく嫌《きら》われてはいました。

戦後のイギリスにおいては、「イギリス病」といわれたものがありましたが、保守党と労働党の二大政党が交互《こうご》に政権党になるので、労働党の時代になったときには、いつも、社会主義型の、社会民主主義的な考え方で「大きな政府」を目指し、〝補助金漬《づ》け〟にするような考え方になり、国が面倒を見るようなことをするのです。それで、保守党になったときに、それを削《けず》ろうとしたら、今度は嫌《いや》がられて抵抗《ていこう》されるわけです。

「サッチャーの時代」は十一年ぐらいありましたが、亡《な》くなったときにも功罪半《なか》ばして、「最後の英雄《えいゆう》だった」という感じでほめる人もいれば、「あいつのおかげで、どれだけクビを切られ、税金、補助金を削減《さくげん》されたと思っているんだ」という恨《うら》みを言う人も大勢いて、両方の意見がありました。

しかし、サッチャーは少なくとも「小さな政府」を目指していたのは事実で、そのもとになったのが、ハイエクという人の経済学です。これは「自由の経済学」で、「全体主義への道、つまり、社会主義国家ができて、全体が面倒を見るというやり方は、いいように見えて、実は、死への道なのだ。国家死滅《しめつ》への道であり、隷属《れいぞく》への道であり、隷従《れいじゅう》への道なのだ」ということを言っています。

「地獄《じごく》への道は善意で舗装《ほそう》されている」というイタリアの諺《ことわざ》がありますが、これはそのとおりで、「みんなが面倒を見ますから大丈夫《だいじょうぶ》ですよ。老後も安全ですよ。失業しても安全ですよ。働かなくても、何とか飢《う》え死にする人が出ないような理想的な社会をつくりますよ」というようなことは、「善意で舗装された道」のようなものです。しかし、その「善意」で舗装された道を歩いていると、だんだんと道が下がっていって、「地獄」へと続いているわけです。このような諺がありますが、やはり、社会主義や社会民主主義のなかには、そういう面がありま す。

したがって、厳しいようでも、自分でやれるようにしていかなければいけないところはあるわけです。やはり、そのあたりのことを忘れてはいけないでしょう。

企業《きぎょう》は政府に頼《たよ》らず自立すべき

こういった「サッチャリズム」もありましたし、「レーガノミクス」も、資金の供給をしたりしていたので、一見、「アベノミクス」にも似てはいます。

レーガンは、「資金の供給をし、税率も下げる」ということも行いました。

税率を上げすぎて一定のレベルを超《こ》えると、国の税収自体は減っていきます。ですが、「ここまでだったら、税率を上げても税収が増えて、これ以上に税率を上げたら、総合した税収が減ってくる」という点があるのです。要するに、みんなが税金逃《のが》れをし始める点、節税に励《はげ》み始める点があるわけです。

そのあたりのところを示した「ラッファー曲線」というものがあり、「これ以上、税率を上げてはいけない」ということで、「税率を下げて税収を上げよう」という試みをしたのがレーガンであるわけです。

なかなかうまくはいかなかったようではありますが、それでも、「小さな政府」を目指したことは事実です。国にしかできない仕事、つまり、軍事や消防など、公共事業の一部で、民間ではできない、国にしかできないものがありますが、「それ以外のものは民間にやらせる」というかたちの考え方を、サッチャーもレーガンも持っていました。

こういった趣旨《しゅし》のことが朝日新聞の社説には書いてあったのですが、私の本を読んだり、私の講演を聴《き》いたりしているのではないかと思うような感じの書き方で、「アベノミクス」、安倍《あべ》首相への批判を書いていたのです。

私は、「御生誕祭」での講演の前半では、安倍首相を「創造的な政治をしている」ということでほめて、後半で、「政府には頼《たよ》らず、自立しないと、これからは危ないぞ」というようなことを言ったのですが、後半のほうの内容を、見事に批判に使われているようなので、今日は、何か〝くすぐったい〟感じがしたわけです。

ただ、このあたりについては、考えなければいけないところではあるでしょう。

全社を挙げた「在庫販売《はんばい》」で不況《ふきょう》を乗り切った松下幸之助氏

企業《きぎょう》においても、「赤字になったり、倒産《とうさん》になったりしたら、とにかく国が助けてくれる、公共団体が助けてくれる」という考えはあるでしょうが、やはり、それは最後の最後であるので、その前に、自分でやれることをやらなければいけないと思うのです。「やれるべきことがあるのに、やらずに放っておく」というようなことは残念なことです。

例えば、松下幸之助さんも、「終身雇用《こよう》」を戦前から打ち上げたことで、これが長らく日本的な伝統になってはいましたが、やはり、昭和恐慌《きょうこう》を受けたあとは商品が売れずに在庫の山となり、製造ラインを止《と》めなければいけないほどになって、本当は、〝クビ切り〟もしなければいけなくなりました。しかし、家族のようにやってきた社員たちのクビを切っても、彼らには行くところがないのは分かっています。そうすれば会社は残るかもしれませんが、社員が飢え死にするようになるため、何とかしなければいけません。

そこで、松下幸之助さんは、「すまんけど、製造しても在庫の山で返ってくるから、製造はできない。製造は、一日のうちでも半分ぐらい、半日ぐらいしかしないけども、クビ切りはしないから、そのあとは、とにかくみんなで販売《はんばい》してくれ。土日も返上してでもいいから、とにかく在庫をさばくべく、売り込みに歩いてくれ」ということを言いました。

そして、従業員のクビを切る前に、まずは、「売って歩く」「在庫を売りさばく」ということを、実際に努力してやってみたところ、たちまち在庫がなくなってしまったわけです。

「そうこうするうちに、景気が少し回復してきて、また、通常の製造レベルに戻《もど》ってきた」というような話がありましたが、こんなことでも一つの「発明」であるとは思います。

製造しても返品されるし、売れませんので、製造する量は落とさないといけないわけですが、このときに、「製造量を落とすから、ただただ工員をクビにする」

わけです。

というのではいけません。全社を挙げて、とにかく在庫を一掃《いっそう》してしまえばよい

在庫は、貸借対照表《たいしゃくたいしょうひょう》では、「資産」として計上されていますから、黒字の要因に計算されているのですが、在庫というのは、本当は「売れ残り」です。腐《くさ》るものでなければ何年たっても使えるのかもしれませんが、缶詰《かんづめ》のようにはいきませんので、やはり、売れずに残っていたら傷《いた》んできて、結局は新製品になりません。

したがって、まず、その在庫を売り、金に換《か》えて初めて、それは現金として黒字部分のほうで利益に計上されるのであり、会計上、それが資産に計上されていても、やはり、「在庫のままではお金ではないのだ」ということです。

10　松下幸之助氏の「公《こう》」と「私《し》」の考え方

「雨が降ったら傘《かさ》をさす」に表れる「経営のコツ」とは

これは、私がよく言っていることではありますが、松下幸之助さんは、「経営のコツはどこにありますか」と訊《き》かれると、禅問答《ぜんもんどう》風に、「雨が降ったら傘《かさ》をさすということですなあ」というようなことを言っています。彼自身は、禅も少しはしていたそうですが、質問した人は、鳩《はと》が豆鉄砲《まめでっぽう》をくらったような感じで分からないのです。「雨が降ったら傘をさす」とは、人をバカにしているのかと思うような答えですが、禅問答ではよくあるような答えの仕方です。

つまり、これは、「天地自然の理《り》に逆《さか》らわずにやれ」ということなのです。

「雨が降ったらどうしますかと訊かれたら、普通《ふつう》は傘をさしますね」ということです。傘をささなければ、ずぶ濡《ぬ》れです。ずぶ濡れになったら、風邪《かぜ》もひけば、服だってぐしょ濡れで使えなくなり、傷《いた》みます。また、仕事もできなければ、人にも会えなくなります。

それで、「雨が降ったらどうしたらいいか」といえば、「傘をさす」ということになるわけです。これが、「天地自然の理」です。雨がやんだら、傘をたたんでしまえばいいだけのことなのです。

これは、好況《こうきょう》・不況のたとえでもあるのでしょうが、不況というのは、雨が降っているような状況です。

雨が降れば、傘をささなければいけません。それは、人間にとって天地自然の理です。つまり、「どうすれば、〝傘〟をさせるのか。会社において、〝傘〟に当たる部門は何なのか」ということを考えればよいわけです。

そのあたりは、松下幸之助さんの非常に特徴《とくちょう》的な考え方の一つです。

「考え抜《ぬ》く」ことの効用を訴《うった》えた松下幸之助氏

また、松下幸之助さんは、「考え抜《ぬ》く」ということについて述べた経営者でもあります。

「考えて、考えて、考え抜く」ということは言葉としては分かりますが、実際にはできないことでしょう。たいていの人は考えていると気が散るわけです。いろいろなことに気が移り、一日中、ベータ波が出ているような状態になります。

それは、テレビのコマーシャルのようなものです。いろいろなものがパラパラと動いていて、いろいろなことに思いが行ってしまい、じっと同じことを考えられないわけです。つまり、答えを出すために、まるで詰《つ》め将棋《しょうぎ》でもするかのように考え抜くことは、そんなに楽にできることではないのです。

しかし、松下幸之助さんは、これを現実に実践した方です。そのため、毎晩の睡眠《すいみん》が浅く、よく眠《ねむ》れなかったそうです。二、三時間の睡眠や、三、四時間の睡眠しか取れなかったため、軽い睡眠導入剤《どうにゅうざい》のようなものを使っていたのですが、それでも眠れなかったようです。寝《ね》ながらでも考え続けていましたし、目を開ければ、「経営の問題について、どうするか」を考えていたのです。

このように、松下幸之助さんは、「考え抜く」ということの効用を、非常に強く訴《うった》えかけていた方です。夜中でも考えていましたし、土曜も日曜もないと思っていました。たとえ、身体《からだ》がゴルフをしたり、釣《つ》りをしたりして、「私《わたくし》」の時間を使っているように見えても、頭まで、そのなかにとらわれていたらいけないわけです。

彼は、「魚釣りをしながらでも考える」ということは言っていませんので、これは私のたとえ話になります。

浮《う》きを垂らして、どのくらいで魚が釣れるかは分からないでしょう。三十分に一匹《ぴき》か、一時間に一匹しかかかってこないかもしれませんが、その時間はただ座《すわ》っているだけでなく、考えていても構わないのです。「浮きが沈《しず》むかどうかを見ていて、魚がかかったときに釣り上げる」ということだけはインプットしておく必要がありますが、魚を釣っている時間が半日であれば、その時間は使えるわけです。

やはり、その間でも、「経営の難問」を考え続けているかどうかが大事です。そのようにならなければ、プロの経営者ではないのです。

松下幸之助さんも、「経営者には、実際は『公《こう》』も『私《し》』もない。どの時間帯でもヒントを探して考え続けている。ひらめきやインスピレーションが来ることを求めている。あるいは、何かのヒントがないかと常に探している。それは経営者として当たり前のことだ」というようなことを述べています。

それは、そのとおりだと思います。

私は、三十年近く幸福の科学を運営してきて、一年三百六十五日のなかで、仕事でないようなこともしていますが、そうしたときでも考え続けています。テレビや映画を観《み》ることもありますが、そのなかでも、常に「ヒントになることはないか」と無意識のうちに探しています。「次の新しい説法《せっぽう》のネタになるようなことはないか。新しい仕事のネタになるようなことはないか。『今、世の中でこんなものが流行《はや》ってきている』ということは、自分が気づいていないことがあるのではないか」と思って、いつも探しているわけです。

したがって、「私《わたくし》」と思われる時間帯においても、そういうヒントを常に探していて、それが頭から離《はな》れることはないのです。

松下氏の「『公私《こうし》』を分けるタイプは信用できない」という見方

また、松下幸之助型の経営者がいた場合、幹部やその部下にも多少は同じことを要求してくると思います。

しかし、「朝の九時に出勤して、五時に帰ります。あとはプライベートタイムです」と言うような「現代っ子」はかなりいますし、「公私《こうし》」の時間をスパッと分けないと、家庭でいろいろな争議が起きて、うまくいかないこともあります。

その意味で、「公私を分ける」ということには大事な面がありますし、公私によって「仕事」と「遊び」を分けることもあります。例えば、ゴルフをした場合、「仕事でのゴルフなのか、趣味《しゅみ》でやっているゴルフなのか」を分けるわけです。

このように、一般的《いっぱん》には、「公私を分ける」という考えは大事なことでしょう。

一方、松下幸之助さんは、もう少し細《こま》かく考えていました。ただ、彼が対象にした人は、経営者のレベルではないと思います。彼の頭のなかには、「経営者には、公私の区別はない」という思いがあったはずなので、おそらく課長レベルの人を対象に考えていたのでしょう。

一般的には、「公と私があるので、プライベートなことには口を出さない。会社はかかわらない」という考え方が持たれていると思いますが、松下幸之助さんは、「公私を分けるようなタイプの人は信用できない」と言っています。

これを全員に言った場合、厳しすぎるので、おそらく課長レベル以上の人が対象になると思います。ある程度、部下を持ち、責任を持っているタイプの人に対して言っているわけです。

さらに、「『プライベートの用がありますので……』などとすぐ言うようなタイプの人は信用ならない」と述べています。「信用ならない」ということの意味は、おそらく、「将来の経営幹部や、自分の番頭《ばんとう》を任せられるような人にはならないと見ている」ということでしょう。

「公《こう》」と「私《し》」に関する四つの観点

①公《こう》のなかの公《こう》

それから、松下幸之助さんは、「『公《こう》』と『私《し》』についての考え方がある。公と私と言っても、もう少し分けなければいけない。公のなかでも、『公のなかの公《こう》』と『公《こう》のなかの私《し》』があるのだ」ということを述べています。

では、「公のなかの公」とは何でしょうか。

例えば、会社の企画《きかく》会議などでは、「会議室で議論して、全員で決める」という仕事をしています。これは、もちろん「公のなかの公」の仕事として行っていますし、そのなかでの発言もそうでしょう。

②公《こう》のなかの私《し》

ところが、その会議が終わったあと、廊下《ろうか》に出たり、自分の部署に帰ったりしてから、続きの話をしていることもあります。そのときに、「会議では、今月の売上目標が三億円と決まったが、自分の考えとしては、今の景気の動向から見れば、実際は二億五千万円が限度ではないかと思う。みんなの意見によって三億円と決まったため賛成したが、自分としては二億五千万円ぐらいにしておかないと、バブルになるのではないかと思う」という意見をほかの人に言うこともあるわけです。

これが、松下幸之助さんが「公《こう》のなかの私《し》」と言っているものなのです。「公的にはそうだが、個人としては、実はこのように思っている」という「公のなかの私」という考え方があるのです。

③私《し》のなかの公《こう》

さらに、松下幸之助さんは、「『私』の部分でも、『私《し》のなかの公《こう》』と『私《し》のなかの私《し》』がある」と述べています。

では、「私のなかの公」とは何でしょうか。

一般的には、会社に拘束《こうそく》されている時間内で行っている仕事は「公」であり、すべて公務であると思われています。しかし、「今日、飲みに行こうか」と誘《さそ》われることもあるわけです。「課で飲みに行こうか」とか、「知り合いと飲みに行こうか」とか、その他いろいろな付き合いもあるでしょう。

これらについては、「公私混同だ」と言われることもあり、兼《か》ね合いが難しい点はありますが、「私のなかでも公がある」と松下幸之助さんは言っています。

会社では、「プライバシーには触《ふ》れない」と言われますが、家庭のことなど、プライバシーに入る内容でも知らないといけないことがあります。

例えば、「課長が実は高血圧で通院している」「高血圧のため、本当は体調がよくない」「体のなかに具合が悪いところがある」などということは、プライベートなことかもしれませんが、当然、上司に当たる人は、それをつかんでいる必要があります。

あるいは、課長であれば、「高齢者雇用《こうれいしゃこよう》をしているので、血圧が高くて不安定な課員がいる。この人は血圧が高いので、こういう場合に危ない」ということを知っていなければいけません。

「こういう病気を持っている」というのは「私《し》」のことですが、知っておく必要があります。これは、「私のなかの公」なのです。

さらに、「妻が病気で倒《たお》れて、看病しなければいけない」「父親が倒れて、妻が介護《かいご》に行っているため、家のなかがうまくいっていない」「受験等によって、子供の問題が起きている」なども、本当は「私」のことですが、公務に影響《えいきょう》が出てくる内容を含《ふく》んでいる場合は、知っていなければいけません。

このように、「私」のなかにも「公」があるのです。

④私《し》のなかの私《し》

逆に言えば、「私《し》のなかの私《し》」もあります。それは触れてはいけないことです。

例えば、課長によっては、「コミュニケーションがよくならないといい仕事ができないから、仕事が引けてからも、みんなで『付き合い』をしたほうがいいと思って、課で飲み会をしようとした。『俺《おれ》がおごるから、一緒《いっしょ》に飲まないか』と誘ったが、みんなから、『ちょっとプライベートの用があるので……』などと言われて避《さ》けられた」と言っているような人もいます。

そういう人には、もしかしたら、課の人たちと飲み会をしているときに、「私のなかの私」に当たることを訊《き》く傾向《けいこう》があるのではないでしょうか。

例えば、「課長と飲みに行った場合、『なぜ結婚《けっこん》をしないのか』『いつ結婚をするのか』『彼氏はあの人か』など、訊かれたくないことについて、いろいろと絡《から》んで訊いてくる」と思われていることもあるわけです。

こうしたことは、「私のなかの私」であり、業務に関係がない部分もあります。そのようなことをいつも言われるため、課長を避けているわけです。「いや、ちょっと用があります」と言って来ないのであれば、そういう問題があるかもしれません。

たいていの人は、「部下を完全に掌握《しょうあく》している」とは言えませんので、「私のなかの私」については、あまり触れるべきではありませんし、知らないふりをしなければいけないところもあります。

ただ、「私のなかの公」については知っている必要があります。

このように、松下幸之助さんは、「公のなかでも『公のなかの公』と『公のなかの私』がある。このくらいは分けて考えなければいけない」というようなことを述べています。

無限に成長し「公人《こうじん》としての自覚」を深めた松下幸之助氏

それから、「公人《こうじん》としての自覚」については、私もずいぶん勉強させていただいているところがあります。

松下幸之助さんは、一つの企業を経営して、企業体として十万、二十万人以上の人々を雇用するところまで大きくしています。一つの「市」そのものを経営しているというか、それだけの人を養っているところまで大きくしたわけです。

さらに、そのレベルを超《こ》えて、最後はいろいろな会社の経営指南ができるようになりましたし、自分の経営哲学《てつがく》を全国の人や世界の人にも問うぐらいまでになっていきました。

しかも、晩年には「松下政経塾《せいけいじゅく》」を始めて、国家経営についても意見を言うようになりました。

このように、松下幸之助さんは、「無限に成長していく」ということをやっていたわけですが、これについては、やはり偉《えら》いものだと思います。

11 「無税国家論」と「ダム経営」の思想

「無税国家」においても「防衛力」は必要である

ただ、松下幸之助さんは、「読書の人」ではないので、私と少し違《ちが》う面もあります。本を読んで勉強する人ではなかったので、「『耳学問《みみがくもん》』としていろいろな人の話を聴《き》く」ということをしていました。「耳学問」や「経験」、それから「自分で考え抜《ぬ》く」ということによって、オリジナルの哲学《てつがく》を編み出していった方であると思います。

また、「六十、七十、八十代になっても衰《おとろ》えずに仕事をしていた。八十代で国を憂《うれ》いて政治について考えていた」ということも言えます。

先ほど述べたように、松下幸之助さんは、企業《きぎょう》レベルでは「無借金経営」という考え方をしていましたが、国家については「無税国家論」を打ち出しました。ところが、それに対して、野田《のだ》元首相は、「今は松下幸之助さんの時代とは違う」というようなことを言って、増税への賛成を呼びかけていました。しかし、「ばら撒《ま》く金がどんどん増えていくので、収入が要《い》るのだ。だから増税だ」という発想はごく当たり前すぎますし、努力が要らない考えです。

こういうときには、やはり、何か一捻《ひとひね》りした考え方をしていく必要があります。今、幸之助さんが生きていれば、何か違うことをアドバイスされたのではないかと思います。「時代が違うから、いいのだ」とは言わないでしょう。

幸之助さんは、「税金を取りすぎだ」ということをずっと言っていましたが、そうかといって、「国防など必要ない」というようなことは言っていません。

戦後、日本が貧乏《びんぼう》で焼け野原だったときは、他国の人が泥棒《どろぼう》しようとしても、盗《と》る物が何もないため、全然心配はありませんでしたし、日米安保《あんぽ》条約を結んでいれば、アメリカが守ってくれるため、それで助かった面もあったわけです。

ただ、「経済大国」として大きくなれば、市場を守らなければいけません。かなりの財産があるため、それを守ってくれなければ、海外からの投資が行われませんし、海外からの企業進出も十分にされなくなります。

そういう意味では、防衛が必要になってきます。幸之助さんは、「交番があれば泥棒が出にくいことと同じで、自衛隊による防衛力は必要だ」ということを、きちんと言っているのです。そして、「『無税国家』は思わなければ達成できないのだ」ということを述べています。

この点は非常に参考になる面があると思います。

「ダム経営」によって経営環境《かんきょう》の変化に備える

また、「無税国家」や「無借金経営」とも連動してくると思いますが、「ダム経営」ということもずいぶん言われています。この「ダム経営」という話は、水力発電が盛《さか》んだったころに考えられたものでしょうけれども、これも珍《めずら》しい言い方だと思います。

ダムというものは、自然に任せて流れている川の水を溜《た》めることによって、水量を調節するものです。

雨が降らないときには日照りになって水が涸《か》れてしまい、作物が生《な》らないこともありますし、降るときにはものすごく降って、周辺の田畑を荒《あ》らすような洪水《こうずい》になることもあります。そのため、これを調節するためにもダムをつくることが大事になるのです。

ダムをつくっておけば、雨がたくさん降ったときに水を溜めておくことができますし、雨が降らなくなったら放水量を増やしていけばよいわけです。そうした調整によって、降水量の変動にかかわらず、一年中、田畑に水を引くことができますし、発電ができるような状態にすることができます。

こうした考え方が「ダム経営」なのです。「季節の変化などの偶然《ぐうぜん》の要因に対する備えは、やはり常々考えておくことが大事なのだ」ということを幸之助さんは言っていました。

そういう意味で、〝資金のダム〟としての内部留保《ないぶりゅうほ》もしなければいけません。

また、〝在庫のダム〟というと誤解する人もいるかもしれませんが、物が売れるときに在庫がないのも困るので、やはり先を読み、「この製品は、これから売れ始める」と見たときには、ある程度の在庫を持っておく必要があるわけです。

「在庫がなくなってしまいました。次に製品ができるまでに二週間かかりますので、待ってください」というのでは、客が待ってくれないこともあります。そのように、「これは、これから売れる」というときには、在庫が必要なこともあるでしょう。

人材・アイデア・企画《きかく》などの面でも「ダム経営」はありうる

さらに「ダム経営型」について言えば、いろいろなものの〝ダム〟がありうると思うのです。

例えば〝人のダム〟。すなわち、「人材を養成しておく」ということも、その一つでしょう。

商売が忙《いそが》しいときには、みな出ずっぱりで働いているので、人材を養成しようにも時間がなく、どうしようもないかもしれません。しかし、農閑期《のうかんき》のように商売が低調だったり、不況期《ふきょう》で景気が悪く、人がやや余剰気味《よじょうぎみ》で、仕事があまりなかったりする時期もあります。そういうときにはしっかりと研修をして、人材の価値を上げておくことが大切でしょう。

すなわち、好況時にしっかりと働けるように研修をしておくことで、人材の付加価値を上げていったり、経営担当者の候補生を育てていったりするわけです。そういう〝人のダム〟というものもありえます。

それから、〝アイデアのダム〟のようなものもありえますし、〝ソフトのダム〟、あるいは、いろいろな〝企画《きかく》のダム〟もありえるでしょう。

そういう意味で、「ダム経営をしていくことによって、景気の変動や、万一《まんいつ》のときに備える」という考え方を持っていることは、経営者にとって、社会的公器《こうき》としての会社の役割を果たし、従業員の雇用《こよう》を守るためにも非常に大事なことなのだと、松下幸之助さんは言われています。

これにしても、「そのように思わなければ、絶対にそうはならない」というのは、そのとおりなのです。そういった話を聞いても話半分で、右から左の耳に抜ける人は必ずいるのですが、まずは〝思わなければ〟いけません。

もちろん、思っただけではできませんが、まずは「思い」から出発し、その「思い」から実際に考えて考えて、「何ができるか」を考えていくことが大事なところだと思います。

12 「本業」に関係する事業以外に手を出してはいけない

法人税逃《のが》れでは〝芸術的〟とさえ言われた堤義明《つつみよしあき》氏の経営手法

それから、「衆知《しゅうち》を集める経営」ということを繰《く》り返し言われています。これは、私も反省をしなければいけない耳の痛いことで、なかなかできずに困っていることではあるのですけれども、組織が大きくなっていくと、やはり目は届かなくなります。

会社にしても、大きくなっていくと、必ず目が届かなくなりますし、「自分がすればできるのだが、直接は手を下《くだ》せない」ということが出てくるでしょう。しかし、人に任せなければいけないときには、自分だけの頭で全部判断しようとしてはならないのです。

戦後の日本を代表する経営者のなかに、西武《せいぶ》グループの堤《つつみ》兄弟がいます。西武鉄道グループは弟の堤義明《よしあき》氏、西武百貨店などのセゾングループは兄の堤清二《せいじ》氏が経営をしていましたが、義明氏のほうが経営評論家やジャーナリストには評判がよく、かつては、「なかなか手堅《てがた》い経営をしている」と、ずいぶん書かれていました。

この人も、「頭のいいのは要《い》らない」というようなことを言って、自分一人でやっていましたが、実際、ずっとうまくいっていましたし、西武鉄道の親会社コクドを中心に、西武のグループ経営はあまりに〝芸術的〟すぎて、国税庁も舌を巻くほどのものだったと言われています。

例えば、土地を買ってホテルを建てる場合、だいたい十年ほどは赤字で、それを過ぎたあたりで黒字転換《てんかん》していくのですが、利益が出ても、その部分の利益を上手に消し込《こ》めるように、新しいホテルを建てたり開発したりして赤字を出し、ずっと法人税を払《はら》わないで済むように決算を出すわけです。

それは、〝ピストル堤〟ともいわれた父親（堤康次郎《やすじろう》）の代から引き継《つ》いできた経営手法ではあるようですが、あまりに〝芸術的〟すぎて、「ここまでパーフェクトな決算をするのはすごい」と言われていました。

これでずっと、長らくうまくいっていて、マスコミから追及《ついきゅう》を受けたときにも、「会社は払ってはいないけれども、従業員は所得税を払っているのだから、税金はちゃんと納めている」というようなことを言っていたのです。

一時代を築いた西武《せいぶ》グループ・堤《つつみ》兄弟の厳しい末路《まつろ》

しかし、この経営手法は、「今までにないこと」が起きたために崩壊《ほうかい》します。

それが九〇年代の「バブル崩壊」です。地価が崩壊し、ガサッと二分の一に下がったりしたことによって、土地の担保価値がなくなってしまったのです。

当然、「西武《せいぶ》」も銀行の融資《ゆうし》を受けて事業をしていたわけですが、銀行では、その担保価値を見て、だいたいその八掛《はちが》けや七掛けの額で融資をするため、担保価値が半分になったりした場合には、とたんに「不良債権《さいけん》」という認定になります。そうすると、銀行では不良債権の引き揚《あ》げ命令が出て、一斉《いっせい》に回収に入るわけです。

そのようになってくると、今までのような回転型の事業がうまくいかなくなっていきます。そうして経営が傾《かたむ》いていき、最後には、いろいろと公私混同したところまで追及されたのです。

それまでの堤義明氏は、社会的には成功していた方で、長野《ながの》オリンピックのときにはオリンピック委員会の名誉《めいよ》会長などもしています。軽井沢《かるいざわ》付近の山が禿《は》げているのは義明氏がスキー場をつくったためですし、新幹線を引いて長野オリンピックまで開催《かいさい》したときには、まるで〝実業界の天皇陛下〟かと思うほど、後光《ごこう》が射《さ》すような感じで威張《いば》っているように見えたこともありました。

しかし、最後は非常に厳しい感じになり、東京のプリンスホテル前かどこかで護送車に入れられて拘置所《こうちしょ》へ送られていくところが、テレビ報道でも放映されましたが、これは〝見せしめ〟だと思います。〝バブル潰《つぶ》し〟をして、何か見せしめが要るので、そのようにやられた面もあるのでしょうけれども、多少残念な結果ではありました。

また、兄の堤清二氏のほうも、セゾングループという大企業《だいきぎょう》を一代でつくり、流通業界の雄《ゆう》だったわけですが、最後には会社を清算しなければならなくなり、私財を百億円ぐらい投げ出して丸裸《まるはだか》になるような経験をしてから亡《な》くなったので、経営というのは実に難しいものだと思います。

本業と無関係の「土地売買」で儲《もう》けることを拒《こば》んだ松下幸之助氏

それにつけても、「今まではそういう流儀《りゅうぎ》で行けたとしても、万一《まんいつ》のことがありうる」というようなことに対しては、「ダム経営」を考えたほうがよいのです。

このことについて、松下幸之助さんは次のようなことを言っています。

「地方に工場を建てるとき、それに必要な土地として、例えば一ヘクタールあればよかったとしても、二ヘクタール買っておけば、必ず地価が上がる。やがて地価が上がったときに、余分な一ヘクタール分を売り払えば、それで工場の建設費を出せる。それは分かっているけれども、そんなことをしたのでは不動産業になってしまう。

わが社は、家電業界においてランプをつくったり蛍光灯《けいこうとう》をつくったりするところから会社を始めた。しかし、そういうものに手を出せば、小さな製品を売りさばいて儲《もう》けて、利益を積み上げてきた会社の遺伝子が狂《くる》ってしまうだろう。土地の売り買いで儲けるほうが本業になったら、もう終わりだ。

だから、これに手を出すのはいかん」と、頑《かたく》なに拒《こば》んでいました。

バブル崩壊《ほうかい》とともに傾《かたむ》いた「ダイエー」と「そごう」の経営

一方、これに対してぶつかっていたのが「ダイエー」です。ダイエーの中内㓛《なかうちいさお》氏は、「郊外《こうがい》に土地を買うときには多めに買い、その土地が値上がりしたら、それを担保にして次の土地を買って、さらに広げる」というかたちで全国展開し、安売りチェーン店をつくっていきましたが、やはりバブル崩壊《ほうかい》によって傾《かたむ》くという厳しい経験をしました。

それから、最近亡くなられましたけれども、「そごう」の経営者をしておられた水島廣雄《みずしまひろお》氏という方もそうです。

水島氏は日本興業銀行に勤めていたときに、「企業への融資では、土地以外の担保によっても融資を受けることができるようになり、それで事業拡大できる」ということに関する博士論文を書き、中央大学から博士号を授与《じゅよ》されたことが災《わざわ》いしたかと思います。

興銀は中長期的な融資を専門にするところでしたので、先行きに資産が値上がりするのを当然と思っている面があり、そういうことをやめられませんでした。

私の出身地である徳島《とくしま》の駅前にも「そごう」がありますけれども、駅前の一等地に〝巨大戦艦《きょだいせんかん》〟のような店舗《てんぽ》をボーンと建てるわけです。そうすると、一等地ですし、トータルでの担保価値が非常に上がりますから、それを出しておくことで、ほかの場所にも出せるようになるのです。

もちろん、「巨大な店舗を出したとしても、人がいちばん集まりやすい所だったため、たくさん売れるし、さらに担保価値が上がったので、次の店も出せる」

ということで、数多くの店を出していった歴史がありました。しかし、結局、ダイエーと同じような〝滅《ほろ》び方〟になっています。

〝本業の遺伝子〟に関係ないものには手を広げすぎない

このように、「ダム経営」という考えもある一方で、松下幸之助氏は、「仕事の本筋《ほんすじ》でないものは買わない」というところでは非常にすっきりとしていました。当時は、土地を余分に買えば儲かることが分かっていたにもかかわらず、「本筋でないことはやらない」と、けじめをつけていたわけです。

そういう意味で、どこも関連事業をしてはいますけれども、「〝本業の遺伝子〟として通じるもの、それに関係するようなものをするのであれば、ある程度成功するかもしれないが、まったく関係のないものをするのであれば合わないだろう」と、私は思うのです。

例えば、宗教が関連事業として「教育事業」をするということは、昔、お寺が寺子屋《てらこや》で、「読み・書き・そろばん」を教えていたように、宗教がそういう事業をしたり子供を預かったりするのは、別にそれほどおかしいことではありません。これは、〝遺伝子〟的には可能性のある事業でしょう。

しかし、霊能力《れいのうりょく》を使って、いわゆるダウジング（棒や振《ふ》り子などの器具を使い、地中の金属や水脈等の埋蔵物《まいぞうぶつ》を探索《たんさく》する方法）のように「ここに○○がある」という感じで、例えば、「テキサスに行って油田《ゆでん》を当てる」といった油田開発事業などをし始めたら、これはやや〝危ない〟だろうとは思います。それで〝当たる〟こともあるかもしれませんが、リスクはあり、倒産《とうさん》の危機が必ずあるでしょう。

やはり、事業にかかる費用は莫大《ばくだい》なものであり、個人で返せるようなものではありませんので、抑制《よくせい》するべきは抑制しなければいけません。

したがって、「ダム経営」という考えも大事ですけれども、そのように本業から離《はな》れたものは断念し、そこはやめておくという考えは大事でしょう。

「自分を高める過程で事業の裾野《すその》も広がる」という考え方が大事

これを松下幸之助さんは、別の言葉で語っています。

「みな、広げることは考えて、自分の守備範囲《はんい》を広げたり、持ち場を広げたり、仕事の範囲を広げたりしたがるけれども、あまりそちらのほうに走ったら駄目《だめ》だ。広げるのではなく、一つのことに専念し、それに習熟してマスターすることが大事である。

これは、『広げる』ということではなく、『高める』という言葉なのだ。山を高くすれば、必ず裾野《すその》も広がる。だから、裾野を広げようとするのではなく、山を高くしようとすることだ。自分の本業に専念し、それを深く掘《ほ》り込み、その技術を高めてプロフェッショナルになっていくにつれて、裾野も広がっていくのだ」

これは、ちょうど三角形の面積のようなもので、底辺が一センチから二センチになったときの面積は二乗倍になっていくでしょう。

そのように、「ただただ本業に専念し、『自分を高めていこう』と思っていると、いつの間にか関連する周りの知識も増え、経験も増えて、事業の裾野が広がっていくことになるのだ。最初から裾野を広げることばかり考えていたら、これは潰れるだろう」といったことを言っているので、ここはよく考えなければいけないと思います。

当会においても、器用でいろいろなことに頭が回る人も多いでしょうが、まずは何かで突破《とっぱ》し、本業を究《きわ》めて日本一になるレベルまで行く必要があるでしょう。「その過程で裾野が広がっていくのだ」という考え方を持たなければいけないと思うのです。

13 「経営成功学」とは「商売は真剣勝負《しんけんしょうぶ》」ということ

本書では、私の勉強したことや経験したことも踏《ふ》まえて、「『経営成功学の原点』としての松下幸之助の発想」ということを述べてきました。

ほかにも影響《えいきょう》を受けている方はいるので、また話をするチャンスはあると思いますが、今回、幸福の科学大学をつくるに当たって「経営成功学」という言葉が出てきた背景には、幸之助さんの「真剣勝負《しんけんしょうぶ》」という考え方があります。

「やはり、『商売は真剣勝負』であり、一回斬《き》られたら、それで終わりになる。一回も負けることはできないのだ。『全戦全勝しかない』と思って事に当たらなければいけない。結果的には失敗することがあるかもしれないけれども、それを、得意げに喜んではいけないのであって、『勝とう』と思って戦わなければいけない。斬られたら、そこで命を失うのだ」

この「商売は真剣勝負」という言葉を言い換《か》えたのが、「経営成功学」という言葉なのだということを、ご理解いただければ幸いです。

あとがき

松下幸之助氏は、自分の頭で考え抜いたオリジナルな思想を次々と発表し続けた点で、まことに、日本人として世界に誇れる人である。

高学歴の人でも、「経営管理」はできても、「経営」あるいは「事業経営」ができる人は少ない。経営には、独特《どくとく》の勘《かん》や人情の機微《きび》を知る心、汗を流してのち知恵を得る悟りが必要だからである。

この意味で学問としての経営学には、死体処理業のようなところがあり、死んだ人を生き返らせる術《じゅつ》は教えてくれない。

「真剣勝負」をやり続けて、生き延びた人のみが、このコツを伝授《でんじゅ》することができるのだ。私の「幸福の科学」約三十年の経験もまだ十分とは言いかねるが、一応、経営者が遭遇《そうぐう》するであろう危機は、ほとんど実体験し、乗り越えてきた。

ここに経営成功学を学問化する試みを開始したいと思う。

二〇一四年　八月二十九日

幸福《こうふく》の科学《かがく》グループ創始者兼総裁《そうししゃけんそうさい》

幸福《こうふく》の科学大学創立者《かがくだいがくそうりつしゃ》　大川隆法《おおかわりゅうほう》

『「経営成功学の原点」としての松下幸之助の発想』大川隆法著作関連書籍

『「経営成功学」とは何か』（幸福の科学出版刊）
『経営の創造』（同右）
『「実践経営学」入門』（同右）
『松下幸之助 日本を叱る』（同右）
『松下幸之助の未来経済リーディング』（同右）
『稲盛和夫守護霊が語る 仏法と経営の厳しさについて』（同右）
『ダイエー創業者 中内㓛・衝撃の警告 日本と世界の景気はこう読め』（同右）
『渋谷をつくった男――堤清二、死後インタビュー――』（同右）

「経営成功学《けいえいせいこうがく》の原点《げんてん》」としての松下幸《まつしたこう》之《の》助《すけ》の発想《はっそう》

2014年 8 月30日　初版第 1 刷

著　者　　大《おお》 川《かわ》 隆《りゅう》 法《ほう》

発行所　　幸福の科学出版株式会社

〒107-0052 東京都港区赤坂 2 丁目 10 番 14 号
TEL(03)5573-7700
http://www.irhpress.co.jp/

印刷・製本　株式会社 東京研文社

ISBN978-4-86395-541-7 C0030
写真：時事

大川隆法シリーズ・**最新刊**

仏教的幸福論
――施論・戒論・生天論――

仏教は「幸福論」を説いていた！ 釈尊が説いた「次第説法」を分かりやすく解説。人生の苦しみを超えて、本当の幸福をつかむための方法が示される。

1,500円

西田幾多郎の「善の研究」と幸福の科学の基本教学「幸福の原理」を対比する

既存の文献を研究するだけの学問は、もはや意味がない！ 独創的と言われる「西田哲学」を超える学問性を持った「大川隆法学」の原点がここに。

1,500円

「成功の心理学」講義
成功者に共通する「心の法則」とは何か

人生と経営を成功させる「普遍の法則」と「メンタリティ」とは？「熱意」「努力の継続」「三福」――あなたを成功へ導く成功学のエッセンスが示される。

1,500円

大川隆法霊言シリーズ・発展する企業をつくる

松下幸之助の 未来経済リーディング

消費税増税と日本経済

経営の神様・松下幸之助が、天上界から、かつてない日本経済の危機を警告する。かつての門下生・野田前首相に苦言を呈す。

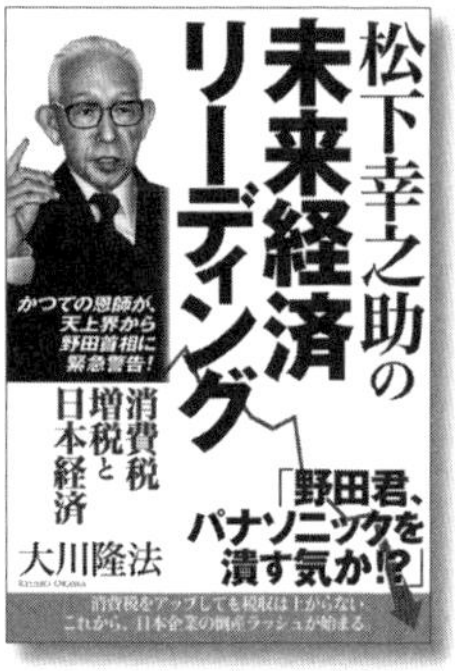

1,400円

松下幸之助　日本を叱る

天上界からの緊急メッセージ

天上界の松下幸之助が語る「日本再生の秘策」。国難によって沈みゆく現代日本を、政治、経済、経営面から救う待望の書。

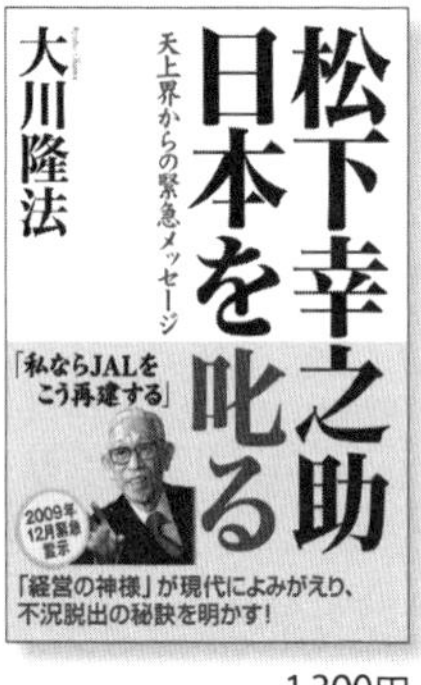

1,300円

稲盛和夫守護霊が語る 仏法と経営の厳しさについて

実戦で鍛えられた経営哲学と、信仰で培われた仏教精神。日本再建のカギとは何か──。いま、大物実業家が、日本企業の未来にアドバイス!

1,400円

※表示価格は本体価格（税別）です。

大川隆法ベストセラーズ・仏教論シリーズ

八正道の心

2600 年前に、人々を「悟り」という名の幸福に導いた釈尊の教えが、いま、よみがえる。真実の人生を生きるための智慧が、ここに明かされる。

1,500 円

他力信仰について考える

仏の「慈悲」と「救済」とは何か。源信、法然、親鸞の生涯と思想と歴史的背景を説き明かし、「他力信仰」の全体像と問題点を明らかにする。

1,500 円

悟りと救い

仏陀は「悟り」を説いたのか、「救済」を説いたのか？ 仏教の根本命題を解き明かし、2600年の仏教史が生み出した各宗派の本質と問題点を喝破する。

1,500 円

禅について考える

「公案」を重視した栄西と、「坐禅」に意義を求めた道元――。両者の修行論や教えの内容を検証し、禅の悟りの問題点を明らかにする。

1,500 円

日蓮を語る

なぜ日蓮は他宗を激しく非難排撃したのか？ 数多の教えのなかから『法華経』を信じた理由とは？ 日蓮の生涯と思想を読み解き、その本心に迫る。

1,500 円

幸福の科学出版

大川隆法ベストセラーズ・幸福論シリーズ

北条政子の幸福論
―嫉妬・愛・女性の帝王学―

現代女性にとっての幸せのカタチとは何か。夫である頼朝を将軍に出世させ、自らも政治を取り仕切った北条政子が、成功を目指す女性の「幸福への道」を語る。

1,500円

孔子の幸福論

聖人君子の道を説いた孔子は、現代をどう見るのか。各年代別の幸福論から理想の政治、そして現代の国際潮流の行方まで、儒教思想の真髄が明かされる。

1,500円

ムハンマドの幸福論

西洋文明の価値観とは異なる「イスラム世界」の幸福とは何か？ イスラム教の開祖・ムハンマドが、その「信仰」から「国家観」「幸福論」までを語る。

1,500円

パウロの信仰論・伝道論・幸福論

キリスト教徒を迫害していたパウロは、なぜ大伝道の立役者となりえたのか。「ダマスコの回心」の真実、贖罪説の真意、信仰のあるべき姿を、パウロ自身が語る。

1,500円

Noblesse Oblige《ノーブレス　オブリージ》

「高貴なる義務」を果たす、
「真のエリート」を目指せ。

幸福の科学学園

中学校・高等学校（那須本校）

Happy Science Academy Junior and Senior High School

「私は、
教育が人間を創ると
信じている一人である。
若い人たちに、
夢とロマンと、精進、
勇気の大切さを伝えたい。
この国を、全世界を、
ユートピアに変えていく力を
出してもらいたいのだ。」

（幸福の科学学園　創立記念碑より）

幸福の科学学園　創立者

大川隆法

幸福の科学学園（那須本校）は、幸福の科学の教育理念のもとにつくられた、男女共学、全寮制の中学校・高等学校です。自由闊達な校風のもと、「高度な知性」と「徳育」を融合させ、社会に貢献するリーダーの養成を目指しており、2014年4月には開校四周年を迎えました。

Noblesse《ノーブレス》 Oblige《オブリージ》

「高貴なる義務」を果たす、
「真のエリート」を目指せ。

2013年 春 開校

幸福の科学学園
関西中学校・高等学校

Happy Science Academy
Kansai Junior and Senior High School

私は日本に
真のエリート校を創り、
世界の模範としたい
という気概に満ちている。
『幸福の科学学園』は、
私の『希望』であり、
『宝』でもある。
世界を変えていく、
多才かつ多彩な人材が、
今後、数限りなく
輩出されていくことだろう。

（幸福の科学学園関西校 創立記念碑より）

幸福の科学学園 創立者

大川隆法

滋賀県大津市、美しい琵琶湖の西岸に建つ幸福の科学学園（関西校）は、男女共学、通学も入寮も可能な中学校・高等学校です。発展・繁栄を校風とし、宗教教育や企業家教育を通して、学力と企業家精神、徳力を備えた、未来の世界に責任を持つ「世界のリーダー」を輩出することを目指しています。

幸福の科学学園・教育の特色

「徳ある英才」の創造

教科「宗教」で真理を学び、行事や部活動、寮を含めた学校生活全体で実修して、ノーブレス・オブリージ(高貴なる義務)を果たす「徳ある英才」を育てていきます。

体育祭

天分を伸ばす「創造性教育」

教科「探究創造」で、偉人学習に力を入れると共に、日本文化や国際コミュニケーションなどの教養教育を施すことで、各自が自分の使命・理想像を発見できるよう導きます。さらに高大連携教育で、知識のみならず、知識の応用能力も磨き、企業家精神も養成します。芸術面にも力を入れます。

探究創造科発表会

一人ひとりの進度に合わせた「きめ細やかな進学指導」

熱意溢れる上質の授業をベースに、一人ひとりの強みと弱みを分析して対策を立てます。強みを伸ばす「特別講習」や、弱点を分かるところまでさかのぼって克服する「補講」や「個別指導」で、第一志望に合格する進学指導を実現します。

授業の様子

自立心と友情を育てる「寮制」

寮は、真なる自立を促し、信じ合える仲間をつくる場です。親元を離れ、団体生活を送ることで、縦・横の関係を学び、力強い自立心と友情、社会性を養います。

毎朝夕のお祈りの時間

幸福の科学学園の進学指導

1 英数先行型授業

受験に大切な英語と数学を特に重視。「わかる」(解法理解)まで教え、「できる」(解法応用)、「点がとれる」(スピード訓練)まで繰り返し演習しながら、高校三年間の内容を高校二年までにマスター。高校二年からの文理別科目も余裕で仕上げられる効率的学習設計です。

2 習熟度別授業

英語・数学は、中学一年から習熟度別クラス編成による授業を実施。生徒のレベルに応じてきめ細やかに指導します。各教科ごとに作成された学習計画と、合格までのロードマップに基づいて、大学受験に向けた学力強化を図ります。

3 基礎力強化の補講と個別指導

基礎レベルの強化が必要な生徒には、放課後や夕食後の時間に、英数中心の補講を実施。特に数学においては、授業の中で行われる確認テストで合格に満たない場合は、できるまで徹底した補講を行います。さらに、カフェテリアなどでの質疑対応の形で個別指導も行います。

4 特別講習

夏期・冬期の休業中には、中学一年から高校二年まで、特別講習を実施。中学生は国・数・英の三教科を中心に、高校一年からは五教科でそれぞれ実力別に分けた講座を開講し、実力養成を図ります。高校二年からは、春期講習会も実施し、大学受験に向けて、より強化します。

5 幸福の科学大学(仮称・設置認可申請中)への進学

二〇一五年四月開学予定の幸福の科学大学への進学を目指す生徒を対象に、推薦制度を設ける予定です。留学用英語や専門基礎の先取りなど、社会で役立つ学問の基礎を指導します。

授業の様子

仏法真理塾

サクセスNo.1

未来の菩薩を育て、仏国土ユートピアを目指す！

仏法真理塾「サクセスNo.1」とは

宗教法人幸福の科学による信仰教育の機関です。信仰教育・徳育にウエイトを置きつつ、将来、社会人として活躍するための学力養成にも力を注いでいます。

サクセスNo.1 東京本校（戸越精舎内）

「サクセスNo.1」のねらいには、「仏法真理と子どもの教育面での成長とを一体化させる」ということが根本にあるのです。

大川隆法総裁　御法話「『サクセスNo.1』の精神」より

仏法真理塾「サクセスNo.1」の教育について

信仰教育が育む健全な心

御法話拝聴や祈願、経典の学習会などを通して、仏の子としての「正しい心」を学びます。

学業修行で学力を伸ばす

忍耐力や集中力、克己心を磨き、努力によって道を拓く喜びを体得します。

法友との交流で友情を築く

塾生同士の交流も活発です。お互いに信仰の価値観を共有するなかで、深い友情が育まれます。

●サクセスNo.1は全国に、本校・拠点・支部校を展開しています。

校名	TEL	FAX
東京本校	TEL.03-5750-0747	FAX.03-5750-0737
名古屋本校	TEL.052-930-6389	FAX.052-930-6390
大阪本校	TEL.06-6271-7787	FAX.06-6271-7831
京滋本校	TEL.075-694-1777	FAX.075-661-8864
神戸本校	TEL.078-381-6227	FAX.078-381-6228
西東京本校	TEL.042-643-0722	FAX.042-643-0723
札幌本校	TEL.011-768-7734	FAX.011-768-7738
福岡本校	TEL.092-732-7200	FAX.092-732-7110
宇都宮本校	TEL.028-611-4780	FAX.028-611-4781
高松本校	TEL.087-811-2775	FAX.087-821-9177
沖縄本校	TEL.098-917-0472	FAX.098-917-0473
広島拠点	TEL.090-4913-7771	FAX.082-533-7733
岡山本校	TEL.086-207-2070	FAX.086-207-2033
北陸拠点	TEL.080-3460-3754	FAX.076-464-1341
大宮本校	TEL.048-778-9047	FAX.048-778-9047
仙台拠点	TEL.090-9808-3061	FAX.022-781-5534
熊本拠点	TEL.080-9658-8012	FAX.096-213-4747

全国支部校のお問い合わせは、サクセスNo.1東京本校(TEL. 03-5750-0747)まで。

メール info@success.irh.jp

エンゼルプランV

信仰教育をベースに、知育や創造活動も行っています。

信仰に基づいて、幼児の心を豊かに育む情操教育を行っています。また、知育や創造活動を通して、ひとりひとりの子どもの個性を大切に伸ばします。お母さんたちの心の交流の場ともなっています。

TEL 03-5750-0757　FAX 03-5750-0767
メール angel-plan-v@kofuku-no-kagaku.or.jp

ネバー・マインド

不登校の子どもたちを支援するスクール。

「ネバー・マインド」とは、幸福の科学グループの不登校児支援スクールです。「信仰教育」と「学業支援」「体力増強」を柱に、合宿をはじめとするさまざまなプログラムで、再登校へのチャレンジと、進路先の受験対策指導、生活リズムの改善、心の通う仲間づくりを応援します。

TEL 03-5750-1741　FAX 03-5750-0734
メール nevermind@happy-science.org

ユー・アー・エンゼル!(あなたは天使!)運動

障害児の不安や悩みに取り組み、ご両親を励まし、勇気づける、障害児支援のボランティア運動です。学生や経験豊富なボランティアを中心に、全国各地で、障害児向けの信仰教育を行っています。保護者向けには、交流会や、医療者・特別支援教育者による勉強会、メール相談を行っています。

TEL 03-5750-1741 FAX 03-5750-0734
メール you-are-angel@happy-science.org

シニア・プラン21

生涯反省で人生を再生・新生し、希望に満ちた生涯現役人生を生きる仏法真理道場です。週1回、開催される研修には、年齢を問わず、多くの方が参加しています。現在、全国8カ所(東京、名古屋、大阪、福岡、新潟、仙台、札幌、千葉)で開校中です。

東京校 TEL 03-6384-0778 FAX 03-6384-0779
メール senior-plan@kofuku-no-kagaku.or.jp

入会のご案内

あなたも、幸福の科学に集い、ほんとうの幸福を見つけてみませんか？

幸福の科学では、大川隆法総裁が説く仏法真理をもとに、「どうすれば幸福になれるのか、また、他の人を幸福にできるのか」を学び、実践しています。

入会

大川隆法総裁の教えを信じ、学ぼうとする方なら、どなたでも入会できます。入会された方には、『入会版「正心法語」』が授与されます。（入会の奉納は1,000円目安です）

ネットでも**入会**できます。詳しくは、下記URLへ。
happy-science.jp/joinus

三帰《さんき》誓願《せいがん》

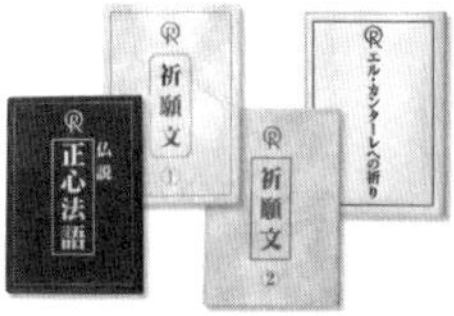

仏弟子としてさらに信仰を深めたい方は、仏・法・僧の三宝への帰依を誓う「三帰誓願式」を受けることができます。三帰誓願者には、『仏説・正心法語』『祈願文①』『祈願文②』『エル・カンターレへの祈り』が授与されます。

植福《しょくふく》の会

植福は、ユートピア建設のために、自分の富を差し出す尊い布施の行為です。布施の機会として、毎月1口1,000円からお申込みいただける、「植福の会」がございます。

「植福の会」に参加された方のうちご希望の方には、幸福の科学の小冊子（毎月1回）をお送りいたします。詳しくは、下記の電話番号までお問い合わせください。

月刊「幸福の科学」

ザ・伝道

ヤング・ブッダ

ヘルメス・エンゼルズ

INFORMATION
幸福の科学サービスセンター
TEL. **03-5793-1727**（受付時間 火～金：10～20時／土・日：10～18時）
宗教法人 幸福の科学 公式サイト **happy-science.jp**